创造创新创业基础教程

主　编　赵慧君　陈守辉
副主编　王　蕾　郑　瑾　张志鹏

科学出版社
北　京

内 容 简 介

本书从大学生创造、创新、创业的全过程出发，以“三创”教育理念为指导，系统地介绍了创造、创新、创业的基本理论、概念、工具与方法等。本书具体内容主要包括创造原理、创造技法、创新思维、创新方法、创业基础、创业实务等六个部分，每部分都以四格漫画的形式引入学习主题，并设有实训模块，融知识性、趣味性和实用性于一体。

本书既可作为大学生创新创业教育的教材，也可作为社会创业人士的参考用书。

图书在版编目（CIP）数据

创造创新创业基础教程/赵慧君，陈守辉主编. —北京：科学出版社，2021.7

ISBN 978-7-03-069100-2

Ⅰ. ①创… Ⅱ. ①赵… ②陈… Ⅲ. ①大学生-创业-高等学校-教材 Ⅳ. ①G647.38

中国版本图书馆 CIP 数据核字（2021）第 111521 号

责任编辑：韩 东 周春梅 / 责任校对：马英菊
责任印制：吕春珉 / 封面设计：东方人华平面设计部

科学出版社 出版
北京东黄城根北街 16 号
邮政编码：100717
http://www.sciencep.com
三河市骏杰印刷有限公司印刷
科学出版社发行 各地新华书店经销
*
2021 年 7 月第 一 版 开本：787×1092 1/16
2021 年 7 月第一次印刷 印张：13
字数：308 000

定价：46.80 元

（如有印装质量问题，我社负责调换〈骏杰〉）
销售部电话 010-62136230 编辑部电话 010-62135397-2040

前　　言

21 世纪初，高等教育界提出了“三创”教育的教育理念，即在通识教育、学科教育、学术教育、专业化教育、融成教育（文理融合及成功教育）的基础上，使创造教育、创新教育、创业教育及其整合方式逐渐进入教育的主体，甚至成为教育的灵魂。这里提到的“整合方式”，不是指三者的简单叠加和松散联合，而是对传统教育进行从系统到要素的全面改革，从而创建一种超越传统教育，并能反映时代和未来精神的新型教育。所谓“三创”教育，就是创造教育、创新教育、创业教育三者的科学耦合和有机结合，并将其进行结构性、系统性重组。

本书立足于高校大学生创造、创新、创业实际，坚持理论知识“必需、够用”的原则，注重知识与方法的应用性和实用性，以培养大学生创造能力、创新意识、创业精神为主线，将“创造、创新、创业”这“三创”教育理念融入教育教学的综合改革中，更好地培养大学生的创造、创新、创业能力。

本书具有以下 3 个方面的特点。

1）理论知识具有系统性。本书围绕创造、创新、创业所面临的问题进行编写，逻辑清晰，语言通俗易懂，涵盖了“三创”的核心内容。

2）重点在“创”。“三创”教育理念已经被高等教育界提及多年，也出版了很多相关的教材。本书在此基础上，突出“创”字，培养学生“创”的精神，启迪学生“创”的思维、意志和品质，培养学生“创”的学识和能力。

3）理论与实训相结合。本书除了理论知识外，还设有大量的实训模块，学生可以通过实训模块更好地理解并掌握理论知识。

本书由中原工学院赵慧君、陈守辉担任主编，中原工学院王蕾、郑瑾、张志鹏担任副主编，大家共同参与了本书的编写工作。

本书在编写过程中，参考和借鉴了国内外大量的相关文献资料，在此向相关作者表示衷心的感谢。

由于编者水平有限，书中难免存在不足之处，恳请广大读者批评指正。

编　者

2021 年 2 月

目　　录

创　造　篇

创 新 篇

创　业　篇

创 造 篇

第 1 章　创 造 原 理

本章导读

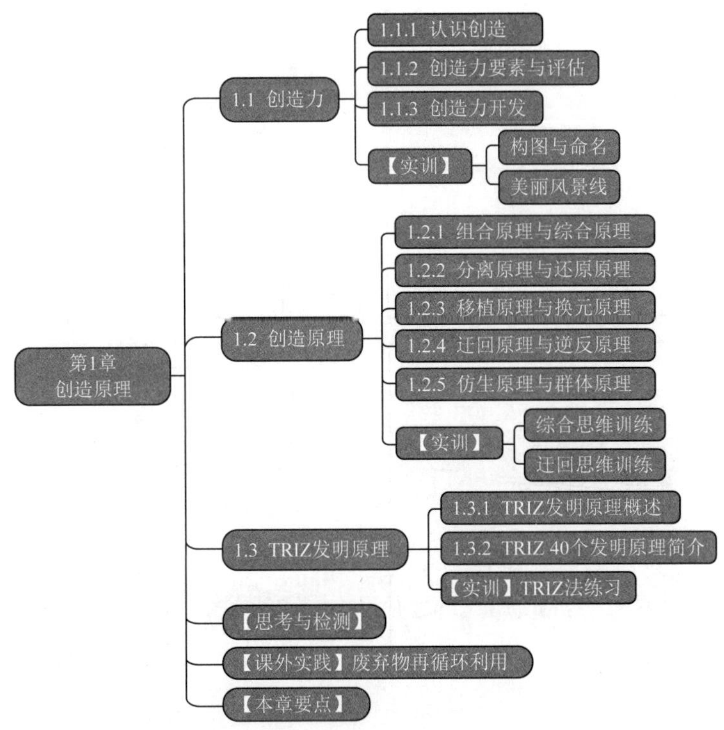

重点难点

理解、掌握常用的创造原理，并将这些创造原理用于实践。

目标与要求

◎ 了解创造的内涵、创造力要素和评估。

◎ 理解常用的创造原理。

◎ 通过对创造原理的灵活运用解决实际问题。

◎ 了解 TRIZ 发明原理。

关键知识点

创造原理。

1.1 创造力

场景引入

1.1.1 认识创造

1. 创造的含义

创造具有以下特征：①以前没有做过，它的典型表现是新颖性、独创性和前所未有；②具有社会价值（既包含精神价值，又包含物质价值）。所以，创造的含义可以用以下 4 点来表述。

1）创造或者创造活动是活动主体（或者创造者）在一定观念指导下，对活动客体的一种改造或更新。

2）这种创造或更新的方式是新颖的、独特的，其结果是前所未有的。

3）由于方式的新颖性、独特性和前所未有的特点，创造需要付出艰苦、顽强、富有灵感的智力和体力劳动。

4）这种劳动的结果，其最高级形态是新奇的，具有较高的社会价值，对人类社会的进步起到一定的促进作用。

2. 创造的分类

按照创造过程的表现形式，创造可以分为科学研究、技术发明和艺术创作。

（1）科学研究

科学研究是指人类在科学领域的探索，它需要科学工作者善于发现科学事实，设计新的探索方法，大胆猜想，提出假说和预见。这一切都需要高度的创造性。科学上的创造也称发现。

（2）技术发明

技术发明是指人类在技术领域的实践，它需要从事技术和生产的各类人员经济有效地解决技术问题、设计技术方案或技术装置。这同样需要高度的创造性。技术上的创造有不同层次，按创造性由低到高，可以分为技术革新、方案设计、发明、技术创新等。

（3）艺术创作

在艺术领域中，作家和艺术家依据丰富的生活经验，需要用创造性思维构思作品，揭示人生的哲理和美的规律，从而丰富人们的精神生活。艺术领域的创造也称塑造艺术形象。

1.1.2 创造力要素与评估

1. 产生创造力的因素

（1）智力因素

智力因素贯穿于创造活动过程的始终。从新想法的构思到较成熟产品的加工，再到把创造产品推向社会并吸收反馈信息以完善创造产品，都有智力因素的参与。

（2）知识因素

知识包括正式知识和非正式知识，前者是与专业领域相关的知识，后者是指常识、意会知识等非书本知识。对创造力而言，重要的是如何以别人意想不到的方式运用非正式知识。

（3）思维风格因素

思维风格是指人们如何运用自己的智力和知识的倾向。高创造力的个体具有以新的方式来看待问题的思维风格，并乐于承担新的挑战，倾向于从全面而不是局部来思考问题。

（4）人格因素

美国著名心理学家斯滕伯格的创造力“三维模型理论”认为，人格维度是创造力的 3 个维度之一，包括克服困难的意志力、动机、求知欲、冒险精神及对认可的期望等人格特质。

（5）动机因素

人们在从事创造性工作时，其动机是以任务为中心的，而不是以目标为中心的。也就是说，人们最关心的是他们在做什么，而不是他们将从中得到什么。如果过于关注功利性目标，往往会失去超越自我的动力。

（6）环境因素

创造力需要支持性的环境，但是过于一帆风顺，也会阻碍创造力的开发。只有在创造力与环境之间保持适度的平衡关系，才有利于创造力的发挥。

2. **创造的结构模型**

（1）斯滕伯格的三维模型

20 世纪 80 年代末，斯滕伯格基于创造力的内隐理论分析法，提出了创造力的三维模型理论。他认为，创造力是由 3 个维度构成的，即创造力的智力维度、创造力的智力方式维度和创造力的人格维度。这 3 个维度既相互独立又相互联系。

1）创造力的智力维度。它包括内部关联型智力和外部关联型智力两种。内部关联型智力是与个体内部心理过程相联系的智力。外部关联型智力是与外界环境相联系的智力。

2）创造力的智力方式维度。它是个体的一种习惯化或通过自学获得的自我控制方式，使创造力的智力维度带有一定的倾向或风格。

3）创造力的人格维度。例如，冒险性、求知欲，以及乐意为了获得知识去刻苦工作等个性特征。

（2）华莱士的四阶段模型

在有关创造过程的理论中，美国心理学家华莱士关于问题解决的四阶段模型被视为创造过程的经典理论模型。他认为，创造或问题解决可以分为以下 4 个阶段。

1）准备阶段。在该阶段，人们开始提出疑问，提出需要解决的问题。

2）酝酿阶段。在该阶段，人们对问题进行深入分析，反复思考，寻找解决问题的方案或方法。这是华莱士模型的核心部分。

3）豁朗阶段。在该阶段，人们“顿悟”到了解决问题的正确方案或方法。

4）验证阶段。在该阶段，人们对解决问题的方案进行检验，对问题进行反思，最终达到解决问题的目的。

（3）杜威的五步骤逻辑模型

美国心理学家、教育家杜威是最早提出创造过程模型的人。他认为，创造过程可以分为以下 5 个逻辑步骤。

1）感觉到困难。

2）定位并定义困难。

3）考虑可能的解决方案。

4）衡量各方案的结果。

5）选择一种方案。

杜威的五步骤逻辑模型是从感觉到困难开始，直到做出解决问题的决策为止。至于选择的方案正确与否，以及决策之后的进一步行动，杜威没有深入讨论。

（4）托兰斯的四步骤逻辑模型

美国心理学家托兰斯认为，创造过程由以下 4 个逻辑步骤构成。

1）感觉到问题或困难。

2）对问题做出猜测或假设。

3）评价假设，如果有可能的话，做出一些修正。

4）表达结果。

上述最后一步意味着根据观念采取实际行动，这是华莱士的四阶段模型和杜威的五步骤逻辑模型所没有考虑到的。

3. **威廉斯创造力倾向测量表**

威廉斯创造力倾向测量表通过测验个人的一些性格特点，包括冒险性、好奇性、想象力和挑战性，来测量个人的创造性倾向。它可以用来发现那些有创造性的个体。

【小测试】

威廉斯创造力倾向测量表

在下列题目中，如果你发现某些题目所描述的情形很符合你，则在表 1-1 中的“完全符合”选项内打钩；如果有些题目只是部分符合你，则在“部分符合”选项内打钩；如果有些题目对你来说根本是不可能的，则在“完全不符”选项内打钩。

注意：每一题都要做，不要花太多时间去想；所有题目都没有“正确答案”，凭你读完每一句的第一印象作答；虽然没有时间限制，但争取以较快的速度完成。

切记：凭你自己的真实感受作答，在最符合自己的选项内打钩；每一题只能打一个钩。

1. 在学校里，我喜欢试着对事情或问题做猜测，即使不一定猜对也无所谓。
2. 我喜欢仔细观察我没有见过的东西，以了解详细情形。
3. 我喜欢变化多端和富有想象力的故事。
4. 画图时，我喜欢临摹别人的作品。
5. 我喜欢利用旧报纸、旧日历及旧罐头盒等废弃物来做各种好玩的东西。
6. 我喜欢幻想一些我想知道或想做的事。
7. 如果事情不能一次完成，我会继续尝试，直到完成为止。
8. 做功课时，我喜欢参考各种不同的资料，以便得到多方面的了解。
9. 我喜欢用相同的方法做事情，不喜欢去寻找其他新的方法。
10. 我喜欢探究事情的真相。
11. 我喜欢做许多新鲜的事。
12. 我不喜欢交新朋友。
13. 我喜欢想一些不会在我身上发生的事。
14. 我喜欢想象自己有一天能成为艺术家、音乐家或诗人。
15. 我会因为一些令人兴奋的念头而忘了其他的事。
16. 我宁愿生活在太空站，也不愿生活在地球上。
17. 我认为所有问题都有固定答案。
18. 我喜欢与众不同的事情。
19. 我常想要知道别人正在想什么。
20. 我喜欢故事或电视节目所描写的事。
21. 我喜欢和朋友在一起，和他们分享我的想法。
22. 如果一本故事书的最后一页被撕掉了，我就自己编造一个故事，把结果补上去。
23. 我想做一些别人从没做过的事。
24. 尝试新的游戏和活动是一件有趣的事。
25. 我不喜欢受太多规则限制。
26. 我喜欢解决问题，即使没有正确答案也没关系。
27. 有许多事情我都很想亲自去尝试。
28. 我喜欢唱没有人知道的新歌。
29. 我不喜欢在班上同学面前发表意见。
30. 当我读小说或看电视时，我喜欢把自己想象成故事中的人物。

31. 我喜欢想象200年前人类生活的情形。

32. 我常想自己编一首新歌。

33. 我喜欢翻箱倒柜，看看有什么东西在里面。

34. 画图时，我很喜欢改变各种东西的颜色和形状。

35. 我不敢确定我对事情的看法都是对的。

36. 对于一件事情先猜猜看，然后再看是不是猜对了，这种方法很有趣。

37. 玩猜谜之类的游戏很有趣，因为我想知道结果如何。

38. 我对机器感兴趣，也很想知道机器里面是什么样子，以及它们是怎样转动的。

39. 我喜欢可以拆开来玩的玩具。

40. 我喜欢想一些新点子，即使用不着也无所谓。

41. 我认为一篇好的文章应该包含许多不同的意见或观点。

42. 为将来可能发生的问题找答案，是一件令人兴奋的事。

43. 我喜欢尝试新的事情，目的只是为了想知道会有什么结果。

44. 玩游戏时，我通常是有兴趣参加，而不在乎输赢。

45. 我喜欢想一些别人常常谈过的事情。

46. 当我看到一张陌生人的照片时，我喜欢去猜测他是怎样的一个人。

47. 我喜欢翻阅书籍及期刊，但只想大致了解一下。

48. 我不喜欢探寻事情发生的各种原因。

49. 我喜欢问一些别人没有想到的问题。

50. 无论在家里还是在学校，我总是喜欢做许多有趣的事。

表1-1 威廉斯创造力倾向测量表选项选择

题号	完全符合	部分符合	完全不符	题号	完全符合	部分符合	完全不符
1				12			
2				13			
3				14			
4				15			
5				16			
6				17			
7				18			
8				19			
9				20			
10				21			
11				22			

续表

题号	完全符合	部分符合	完全不符	题号	完全符合	部分符合	完全不符
23				37			
24				38			
25				39			
26				40			
27				41			
28				42			
29				43			
30				44			
31				45			
32				46			
33				47			
34				48			
35				49			
36				50			

评分方法：

本量表共 50 题，包括冒险性、好奇性、想象力、挑战性 4 项，每项都包括正面题目和反面题目。正面题目的计分方法是：完全符合 3 分，部分符合 2 分，完全不符 1 分。反面题目的计分方法是：完全不符 3 分，部分符合 2 分，完全符合 1 分。

冒险性：包含第 1、5、21、24、25、28、29、35、36、43、44 这 11 道题。其中，第 29、35 题为反面题目，其余为正面题目。

好奇性：包含第 2、8、11、12、19、27、33、34、37、38、39、47、48、49 这 14 道题。其中，第 12、48 题为反面题目，其余为正面题目。

想象力：包含 6、13、14、16、20、22、23、30、31、32、40、45、46 这 13 道题。其中，第 16 题为反面题目，其余为正面题目。

挑战性：包含 3、4、7、9、10、15、17、18、26、41、42、50 这 12 道题。其中，第 9 题为反面题目，其余为正面题目。

计算自己的最后得分，得分高说明创造力强，得分低说明创造力差。

（资料来源：佚名，2014. 威廉斯创造力倾向测量表及评分方法[EB/OL]. https://wenku.baidu.com/view/4a809d696c85ec3a86c2c510.html. 有改动。）

1.1.3 创造力开发

1. 增强创新意识

创新意识决定了一个人想不想创新。因此，要开发创造力，首先要增强和提高人的创新意识。人的创新意识有两种：①主动性创新意识；②被动性创新意识。

主动性创新意识是指不需要外部的推动，主体的意识就可以有效地驱使个体去创新。创新活动是主体自身需要的一种意识，稳定、持续、主动、习惯化是它的特点。

被动性创新意识是指主体受外部的推动而产生的创新意识。例如，接受交给自己完成的指令性科研问题、开发任务或项目等。这类被动性创新意识也会对创新活动产生推动作用，主要是创造主体具有责任感、有成功的愿望、有胜任的能力。

2. 掌握创造技法

创造技法和创造方法都是创新活动成功经验的总结和归纳，并上升为工具性的创造方法论。创造技法一举击破了创造的神秘气氛，使普通人借助创造技法也能涉足创造活动。创造技法简单易学，对于创造活动有很大的实用价值和工具价值。因此，掌握创造技法可以开发个体的创造力。

3. 培养创新思维

创新思维是创造力的灵魂，培养创新思维是个体创造力开发的关键。美国创造力开发公司总裁、创造学家罗杰·冯·奥奇曾说：如果你对创造性思维持冷淡态度，你就不会认识到在一个发展变化、日新月异的世界上，激发和应用新设想是至关重要的生存技能。

4. 优化创新人格

前面讲到，创新思维是创造力的灵魂，而创新思维的灵魂就是创新人格。这是因为，人是创造万物的主体，是一切创新活动的认识者、发出者和操作者，如果忽视创新人格的优化，开发创造力将是舍本逐末和本末倒置的。

5. 形成创新环境

创造力的开发离不开一个好的创新环境，尤其是个体创造力开发，因为人的行为是个体与环境交互作用的产物。美国创造学家阿瑞提认为：适宜的气候和环境能极大地促进创造。

6. 创新成果展示和创新人物示范

经常进行各级各类创新成果展示，对创新方面取得成绩的人物进行表彰、鼓励和奖励，以达到示范作用的目的，这对创造力的开发具有推动作用。

实训

实训一　构图与命名

1）所画的图必须包含图 1-1 中所有的图形，不能多，也不能少。

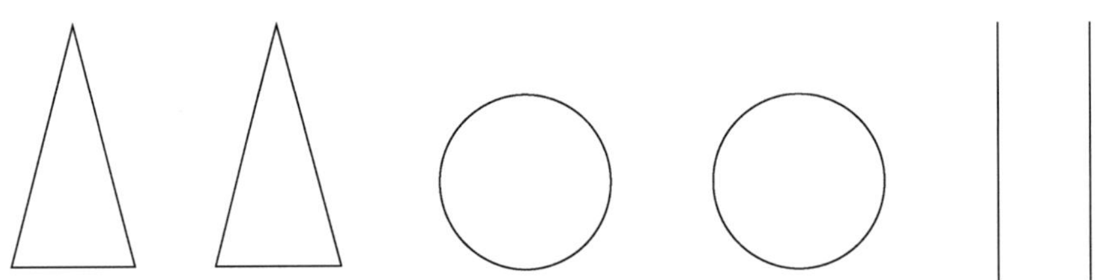

图 1-1　构图所需要的图形

2）画的幅数越多越好。

3）给每一幅画命名或做简单的解释。

4）限时 5 分钟。

【解读】

本活动需要学生利用形象思维对图形进行加工创造，通过这种练习可以锻炼学生的创造力。

（资料来源：刘玉红，2017. 大学生创新与创业基础[M]. 北京：现代教育出版社. 略有改动。）

实训二　美丽风景线

请一笔连接图 1-2 中所有的点，看谁连接出来的图最有意义。

图 1-2　美丽风景线图

注意：你可能会画出一个五角星，但是富有创意的结果，远远超出我们的想象。

【解读】

本活动需要学生利用发散思维、形象思维等对所给出的点进行连线，可以锻炼学生的创造力。

1.2 创造原理

场景引入

1.2.1 组合原理与综合原理

1. 组合原理

组合原理是将两个及两个以上的技术因素，或按不同技术制成的不同物质，通过巧妙的组合或重组，获得具有统一整体功能的新产品、新材料、新工艺、新技术的一种创造原理。

从思维特征和操作形式来看，组合不同于综合。组合既可以是自然组合，也可以是人工组合；既可以是技术组合，也可以是方法组合。例如，同是碳原子，以不同方式、不同晶格组合，就可以得到坚硬的金刚石或脆弱的石墨。又如，我们常用的多用柜、两用笔、组合文具盒等，都是利用组合原理创造的体现。

2. 综合原理

综合原理是在分析各个构成要素基本性质的基础上，综合其可取的部分，使综合后所形成的整体具有优化的特点和创新的特征。

综合原理不同于组合原理，它不是把研究对象进行简单的叠加或初级的组合。

利用综合原理进行创造的主要情形如下。

1）综合已有的不同学科原理创造出新的原理。

2）综合已有的事实材料发现新的规律。

3）综合已有的科学方法创造出新的方法。

4）综合不同学科创造出新的学科。

5）综合已有的不同产品的优点创造出新的先进产品。

综合原理可以使人的认识实现从个别到一般的转化，使人超越原有的认知水平，站得更高，看得更远，体会得更深刻，从而获得更具有普遍意义的新成果。

1.2.2 分离原理与还原原理

1. 分离原理

分离原理是指把某一创造对象进行科学的分散或离散，使主要问题从复杂现象中暴露出来，从而厘清创造发明的思路，便于人们抓住主要矛盾。

分离原理是与综合原理完全相反的另一种创造原理。综合原理在创造发明的过程中提倡聚集、综合。分离原理则提倡将事物打破、分解，鼓励人们冲破事物原有面貌的限制，将研究对象予以分离，创造出全新的概念和产品。

2. 还原原理

还原原理是指从一个事物的某一创造起点出发，按照人们研究的创造方向反向追溯到其创造原点，再以原点为中心进行各个方向上的分散，并寻找其他的创造方向，用新的思想、技术和方法在新的思维方向上重新进行创造。

还原原理就是先还原到原点，再从原点出发解决问题，或者说是回到根本上去找到问题的关键，这样往往能取得较大成功，取得突出的成果。

运用还原原理，首先需要从中抽象出问题的关键所在，即追溯到创造的原点上，或者叫作回到根本上去抓关键，所以有人也将其称为“抽象原理”。其次，要善于透过现象看本质，回到创造对象的起点，抓住问题的关键。最后，要将最主要的功能抽取出来，并集中精力研究其实现的手段和方法，以取得创造发明的最佳成果。

1.2.3 移植原理与换元原理

1. 移植原理

移植原理就是把一个已知对象中的概念、原理、方法、内容或部件等运用或迁移到另一个待研究的对象之中，从而促进事物间的渗透、交叉与综合，使研究对象产生新的突破。

移植原理的实质是借用已有的创造成果进行创新目标下的再创造，使现有成果在新的条件下进一步延续、发挥和拓展。

使用移植原理时，应做到以下 3 点。

1）仔细观察和分析已知事物的属性。

2）找出关键属性。

3）研究怎样将关键属性应用于欲研究的对象之中。

2. 换元原理

换元原理就是把创造对象的诸多因素看成可以改变的变量，从而针对每一个因素进行改进思考，使问题得到解决。

换元原理的一般步骤包括以下两点。

1）排列出一切因素，并把这些因素视作可以改变的变量。

2）采用一切手段对每一个因素进行改进，直到取得满意效果为止。

1.2.4 迂回原理与逆反原理

1. 迂回原理

迂回原理是指当在创造活动中受阻时，暂停在某个疑难问题的僵持状态，或转入下一步行动，带着未知问题继续前进；或者试着改变一下观点，注意下一个或另一个与该问题有关的侧面或外围问题。当其他问题解决后，该难题就迎刃而解了。

迂回原理就是善于在困境中迂回，在迂回中创造继续前进的条件，从而逐步接近目标而取得成功。

2. 逆反原理

逆反原理要求人们敢于并善于打破头脑中陈旧的、常规的思维模式的束缚，对已有的理论方法、技术、产品等持怀疑态度，从相反的思维方向去分析和思考，以探求新的创造发明。

事物的属性是多种多样的，人们往往习惯于从显而易见的方面去考虑问题，因而阻碍了自己的思路。

在这种情况下，如果能有意识地从相反的方向去思考和处理问题，通常会获得意想不到的成功。

1.2.5 仿生原理与群体原理

1. 仿生原理

仿生原理是人们通过观察和模仿生物体的结构与功能而进行发明创造的一种原理。例如，通过研究动物的运动机理，运用机械设计方法研制模仿动物的运动。可以研究生物体总体结构与精细结构的静力学性质，以及生物体各组成部分在体内相对运动和生物体在环境中运动的力学性质，如模仿贝壳修造大跨度薄壳建筑。

2. 群体原理

随着现代科技的发展，创造的层次在深化，发明的难度在增加，如果离开集体的团结协作，仅靠个人的努力搞创造发明，其困难可想而知。群体原理是指在创造活动中结成一个研究群体，使彼此间产生积极的相互影响和促进作用，这对激发创造性构想是大有裨益的。群体原理并不意味着一个研究课题组人数越多越好。恰恰相反，研究课题组人数最好控制在尽量小的规模，这样做有利于发挥每个人的才能。人数过多，往往会使一些人处于从属和被动地位，降低创造活动的效率，其中有一个最佳群体数量和结构的问题。

实训

实训一　综合思维训练

（1）训练目标

开发大学生运用综合思维解决问题的能力。

（2）训练要求

各训练题应有时间限制，由指导教师具体掌握，在课堂训练中即兴完成；训练中要注意锻炼提高，坚持“延迟评判”原则，敢想敢说；训练中要进一步注意对思维的流畅度、变通度、新颖度的锻炼和提高；记录讨论中列举的内容，以便再进行深入研究。

（3）训练内容

1）在一个空房间里，从天花板上垂下来两根绳子。如果你抓住一根绳子再去够另一根绳子是够不到的，但是当别人把另一根绳子递给你时，你可以抓住两根绳子。不依靠别人，也不准借用其他东西，你如何抓住这两根绳子？

2）有一条宽 5 米的小河，河的两岸各有一个人要过河，但是他们分别只有一块 4 米长的木板。请问：他们怎样才能过河？

【解读】

本活动是综合思维训练，在活动开始前学生需要先复习综合思维的相关知识，通过两个训练活动提升其综合思维能力。

实训二　迂回思维训练

（1）训练目标

提高大学生运用迂回思维解决问题的能力。

（2）训练要求

各训练题应有时间限制，由指导教师具体掌握，在课堂训练中即兴完成；训练中要注意锻炼提高，坚持“延迟评判”原则，敢想敢说；训练中要进一步注意对思维的流畅度、变通度、新颖度的锻炼和提高；记录讨论中列举的内容，以便再进行深入研究。

（3）训练内容

回忆或思考一种与自己所学专业无关的事物对自己工作或学习的启示。

【解读】

本活动是迂回思维训练，在活动开始前学生需要先复习迂回思维的相关知识，通过训练活动锻炼其迂回思维。

1.3 TRIZ 发明原理

场景引入

1.3.1 TRIZ 发明原理概述

TRIZ 的俄语缩写为 ТРИЗ，按 ISO/R9—1968E 规定，转换成拉丁文为 Teoriya Resheniya Izobreatatelskikh Zadatch，缩写为 TRIZ，英文全称是 Theory of the Solution of Inventive Problems，缩写为 TSIP，其意义为“发明问题解决理论”，通常音译后简称为“萃思”或“萃智”。TRIZ 理论及方法是苏联发明家阿奇舒勒及其团队通过分析约 20 万件专利形成的内在规律和原理，总结出来的系统化创新方法。

TRIZ 创新方法有别于天马行空的、随机产生创新创意的头脑风暴法，它强调创新或发明创造，特别是技术创新和产品创新可以按照一定的程序和步骤进行。TRIZ 提供了一套问题解决和创新发明通用的模式、规则与方法，为人们提供了创新创造的技术路径和思考方向，大大提高了创造发明的效率和质量。

TRIZ 理论与方法体系庞大而复杂，主要包括技术进化与发展应遵循的规律模式（八大技术系统进化法则）、解决技术矛盾（39 个技术特征）和物理矛盾的原理（矛盾矩阵）、实现创新发明的方法（40 个发明创新原理）与各种算法（76 种创新问题标准解法），以及综合多学科的知识库等内容。TRIZ 理论体系的构成如图 1-3 所示，TRIZ 的方法工具体系见表 1-2。

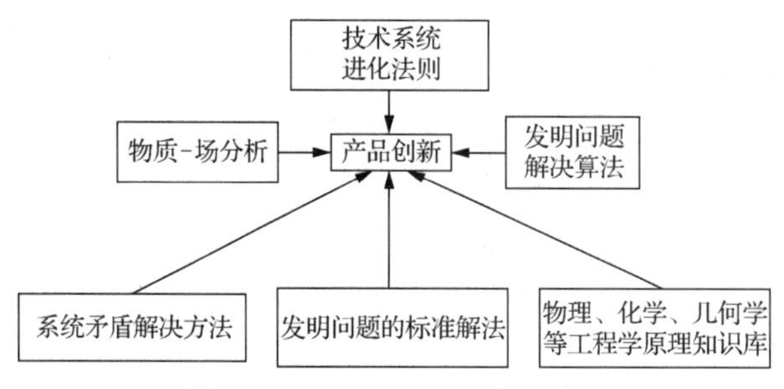

图 1-3 TRIZ 理论体系的构成

表 1-2 TRIZ 的方法工具体系

问题模型	工具	解决方案模型
技术矛盾	矛盾矩阵	创新原理
物理矛盾	分离方法、引导表知识库	创新原理、知识库中的方案
HOW TO 模型	知识库	知识库中的方案
物质-场模型	物质-场模型转换	标准解法

由于 TRIZ 涉及的专业知识较多、方法比较复杂，对运用者的知识广度和深度要求较高，普及推广应用存在着一定障碍。为简化应用 TRIZ 方法，部分专家和机构对 TRIZ 进行了简化。例如，福特公司将其结构化形成 USIT（unified structured inventive thinking）模式。该模式主要应用在为解决现实问题迅速找到多种解决思路

与方法的概念生成阶段，将设计过程分为 3 个阶段：问题定义、问题分析和概念产生。USIT 只需要将产生概念的解决方法简化为 4 种技术（属性维度化、对象复数化、功能分布法和功能变换法），而不需要采用复杂的知识库或辅助软件。

1.3.2 TRIZ 40 个发明原理简介

限于篇幅，本书仅介绍 TRIZ 创新方法的 40 个发明原理，见表 1-3。

表 1-3 TRIZ 的 40 个发明原理

序号	名称	序号	名称	序号	名称	序号	名称
1	分割	11	预补偿	21	跃过	31	多孔材料
2	分离	12	等势性	22	变害为利	32	改变颜色
3	局部性质	13	反向作用	23	反馈	33	同质性
4	不对称	14	曲面化	24	中介物	34	抛弃与再生
5	组合	15	动态化	25	自我服务	35	参数变化
6	多功能	16	未达到或超过的作用	26	复制	36	状态变化
7	嵌套	17	维数变化	27	廉价代替品	37	热膨胀
8	质量补偿	18	机械振动	28	机械系统的替代	38	强氧化
9	预先反作用	19	周期性作用	29	气动与液压结构	39	惰性介质
10	预先作用	20	连续有效作用	30	柔性壳体或薄膜	40	复合材料

1. 分割

1）将物体分成独立的部分。
2）使物体成为可拆卸的。
3）增加物体的分割程度。

2. 分离

从物体中拆出“干扰”部分（“干扰”特性）或者相反，分出唯一需要的部分或需要的特性。

3. 局部性质

1）从物体或外部介质（外部作用）的一致结构过渡到不一致结构。
2）物体的不同部分应当具有不同的功能。
3）物体的每一部分均应具备最适于它工作的条件。

4. 不对称

1）将物体的对称形式转为不对称形式。
2）如果物体不是对称的，则需要加强它的不对称程度。

5. 组合

1）把在空间和时间上相同的物体或类似操作的物体组合起来。
2）把在空间和时间上相同或类似的操作组合起来。

6. 多功能

一个物体执行多种不同功能，因而不需要其他物体。

7. 嵌套

1）一个物体位于另一个物体之内，而后者又位于第三个物体之内。
2）一个物体通过另一个物体的空腔。

8. 质量补偿

1）将物体与具有上升力的另一个物体相结合，以抵消其重量。
2）让物体与介质（最好是气动力和液动力）相互作用，以抵消其重量。

9. 预先反作用

如果按课题条件必须完成某种作用，则应提前完成反作用。

10. 预先作用

1）预先完成要求的作用（整个的或部分的）。
2）预先将物体安放妥当，使它们能在现场和最方便的地点立即完成所需要的作用。

11. 预补偿

以事先准备好的应急手段补偿物体的可靠性。

12. 等势性

改变工作条件，使物体上升或下降。

13. 反向作用

1）不实现课题条件规定的作用而实现相反的作用。
2）使物体或外部介质的活动部分成为不动的，而使不动的成为可动的。
3）将物体颠倒。

14. 曲面化

1）从直线部分过渡到曲线部分，从平面过渡到球面，从正六面体或平行六面体过渡到球形结构。

2）利用棍子、球体、螺旋。
3）从直线运动过渡到旋转运动，利用离心力。

15. 动态化

1）物体（或外部介质）的特性的变化应当在每一个工作阶段都是最佳的。
2）将物体分成彼此相对移动的几个部分。
3）使不动的物体成为动的物体。

16. 未达到或超过的作用

如果难以取得百分之百所要求的功效，则应当取得略小或略大的功效。此时，可能使问题大大简化。

17. 维数变化

1）如果物体做线性运动（或分布）有困难，则使物体在二维度（即平面）上移动。相应地，在一个平面上的运动（或分布）可以过渡到三维空间。
2）利用多层结构替代单层结构。
3）将物体倾斜或侧置。
4）利用指定面的反面。
5）利用投向相邻面或反面的光流。

18. 机械振动

1）使物体振动。
2）如果物体已在振动，则提高它的振动频率（达到超声波频率）。
3）利用共振频率。
4）用压电振动器替代机械振动器。
5）超声波振动和电磁场配合使用。

19. 周期性作用

1）从连续作用过渡到周期作用（脉冲）。
2）如果作用已经是周期性的，则改变周期性。
3）利用脉冲的间歇完成其他作用。

20. 连续有效作用

1）连续工作（物体的所有部分均应一直满负荷工作）。
2）消除空转和间歇运转。

21. 跃过

高速跃过某过程或其个别阶段（如有害的或危险的）。

22. 变害为利

1）利用有害因素（特别是介质的有害作用）获得有益的效果。
2）通过有害因素与另外几个有害因素的组合来消除有害因素。
3）将有害因素加强到不再是有害的程度。

23. 反馈

1）进行反向联系。
2）如果已有反向联系，则改变它。

24. 中介物

1）利用可以迁移或有传送作用的中间物体。
2）把另一个（易分开的）物体暂时附加给某一物体。

25. 自我服务

1）物体应当为自我服务，完成辅助和修理工作。
2）利用废料（能量和物质的）。

26. 复制

1）用简单而便宜的复制品代替难以得到的、复杂的、昂贵的、不方便的或易损坏的物体。

2）用光学复制（图像）代替物体或物体系统，此时要改变比例（放大或缩小复制品）。

3）如果利用可见光的复制品，则转为利用红外线的或紫外线的复制品。

27. 廉价代替品

用一组廉价物品代替一个昂贵物品，放弃某些品质（如持久性）。

28. 机械系统的替代

1）用光学、声学等设计原理代替力学设计原理。

2）用电场、磁场和电磁场与物体相互作用。

3）由恒定场转向不定场，由时间固定的场转向时间变化的场，由无结构的场转向有一定结构的场。

4）利用铁磁颗粒组成的场。

29. 气动与液压结构

用气体结构和液体结构代替物体的固体部分，如充气和充液的结构，气枕、静液的和液体反冲的结构。

30. 柔性壳体或薄膜

1）利用柔性壳体或薄膜代替传统的结构。
2）用柔性壳体或薄膜把对象和外部环境隔开。

31. 多孔材料

1）把物体做成多孔的或利用附加多孔元件（镶嵌、覆盖等）。
2）如果物体是多孔的，事先用某种物质填充空孔。

32. 改变颜色

1）改变物体或外部介质的颜色。
2）改变物体或外部介质的透明度。
3）为了观察难以看到的物体或过程，利用染色添加剂。
4）如果已采用了染色添加剂，则采用荧光粉。

33. 同质性

指定物体与同其相互作用的物体应当用同一种（或性质相近的）材料制成。

34. 抛弃与再生

1）已完成自己的使命或已无用的物体部分应当剔除（溶解、蒸发等）或在工作过程中直接发生变化。
2）消除的部分应当在工作过程中直接再生。

35. 参数变化

参数变化不仅包括简单的过渡，如从固态过渡到液态，还包括向“假态”（假液态）和中间状态的过渡，如采用弹性固体。

36. 状态变化

利用相变时发生的现象，如体积改变、放热或吸热等。

37. 热膨胀

1）利用材料的热膨胀（或热收缩）。
2）利用一些热膨胀系数不同的材料。

38. 强氧化

1）用富氧空气代替普通空气。
2）用氧气替换富氧空气。
3）用电离辐射作用于空气或氧气。
4）用臭氧化了的氧气。
5）用臭氧替换臭氧化的（或电离的）氧气。

39. 惰性介质

1）使用惰性介质代替普通介质。
2）在真空中进行某操作。

40. 复合材料

将同种材料转化为混合材料。

实训

TRIZ法练习

（1）训练目标

熟悉柔性壳体或薄膜原理。

（2）训练要求

训练题有时间限制，由指导教师具体掌握，在课堂训练中即兴完成；训练前要熟悉柔性壳体或薄膜原理，训练中进一步注意对思维的流畅度、变通度、新颖度的锻炼和提高；记录讨论中列举的内容，以便再进行深入研究。

（3）训练内容

将松软货物装在容器中运输时，容器移动，货物就有可能运动，这样就容易导致容器失衡，而且由于静电积累也可能发生爆炸。使用柔性壳体或薄膜原理则可以解决这一问题。

【解读】

本活动需要运用柔性壳体或薄膜原理，此原理包括两个方面：①利用柔性壳体或薄膜代替传统的结构，如充气儿童城堡；②用柔性壳体或薄膜把对象和外部环境隔开，如舞台上的幕布将舞台与观众隔开。

思考与检测

一、单项选择题

1．组合原理是（　　）。

A．把两者相加

B．在空间和时间上将相同物体或相关操作加以组合，获得新的功效

C．把两者并列

D．在空间和时间上将相同物体或相关操作省略

2．分离原理是（　　）。

A．通过把一个物体分成相互独立的部分，满足技术上的新需要

B．把物体切成两部分

C．把物体分开后，取其一部分

D．把物体没用的部分去掉

3．通过观察和模仿生物而进行发明创造的原理是（　　）。

A．移植原理　　　　B．还原原理

C．仿生原理　　　　D．换元原理

4．TRIZ 创新方法源自（　　）。

A．美国　　　　B．苏联

C．俄罗斯　　　　D．英国

5．TRIZ 理论的核心思想是（　　）。

A．技术系统进化　　　　B．效应知识库

C．76 个标准解　　　　D．物质—场分析模型

二、填空题

1．按照创造过程的表现形式，创造可以分为________、________、________。

2．从蜜蜂蜂房的正六边体结构的具体结构出发，设计出既轻巧又坚固的新型建筑结构是利用了________原理。

3．________是指首次提出新的概念、方法、理论、工具、解决方案、实施方案等的能力。

4．________是 TRIZ 创新方法的发明人。

5．TRIZ 理论归纳整理了________个发明创造原理。

三、简答题

1．简述如何开发创造力。

2．简述组合原理与综合原理的区别。

课外实践

废弃物再循环利用

我们身边有很多废弃物，如淘汰的手机、平板电脑、笔记本式计算机等电子产品，还有旧衣服、用过的纸张、饮料瓶等。世界上没有绝对的废弃物，只有放错地方的资源。现在，让我们从创新资源利用的角度，收集身边的废弃物，充分利用本项目创新方法与工具，通过艺术化设计与再创造，看看如何将这些废弃物再循环利用，可产生哪些意想不到的、新的物品。

建议以小组来完成该项实践任务，完成后，请展示、分享各组的作品，通过交流与反思，你又收获了什么？

本章要点

• 创造既要满足创新要求又要具有社会价值，否则不能称之为创造。影响创造力的因素有很多，如智力因素、知识因素、人格因素等，开发创造力要增强和提高人的创新意识。

• 创造原理包括组合原理与综合原理、分离原理与还原原理、移植原理与换元原理、迂回原理与逆反原理、仿生原理与群体原理等。

• 有别于天马行空的、随机产生创新创意的头脑风暴法，TRIZ 创新方法强调创新或发明创造，特别是技术创新和产品创新可按照一定的程序和步骤进行。

第2章 创造技法

本章导读

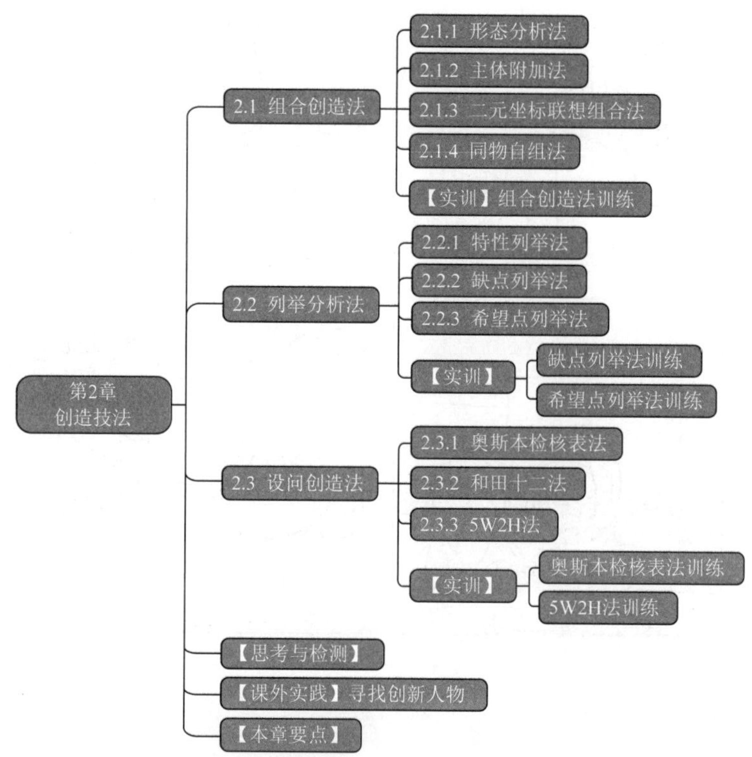

重点难点

理解并运用创造技法。

目标与要求

了解不同创造技法的概念、原理，并掌握创造技法。

关键知识点

组合创造法、列举分析法和设问创造法。

2.1 组合创造法

场景引入

2.1.1 形态分析法

形态分析法是一种利用系统观念来网罗组合设想的创造发明方法。该法的思路是把技术课题分解成相互独立的基本要素，并找出每个要素的可能形态，然后加以组合，得到各种解决技术课题的总构想方案。总构想方案的数量就是各要素方案的组合数。例如，将气泡分别与塑料、橡胶、玻璃、砖、混凝土结合，结果发明了泡沫塑料、泡沫橡胶、多孔玻璃、空心砖和发泡混凝土等一系列新产品。又如，在为某物品设计一种新的包装时，如果只考虑包装材料与形状两个因素，每个因素设定4个要素（即有4种不同的材料和形状供选择），采用图解方式进行排列、组合，可以得出16种方案。如果再加上一个色彩因素，也将其设定为4个要素，则可以得出64种不同的组合方案。

形态分析法可以为解决问题提供所有能想到的可能解答的集合，能帮助激励创造性思维，从所熟知的解答要素中发现、发明与设计全新的组合。

例如，从表 2-1 的挖掘机功能矩阵中选取 6 个分功能作为目标标记，从理论上可以得到 8100 种不同组合，即 $N=6\times5\times3\times5\times3\times6=8100$。

表 2-1 挖掘机功能矩阵表

功能	技术手段					
驱动功率	电动机	汽油机	柴油机	液压马达	气动马达	透平
传动功率	液力耦合器	皮带传动	拉杆	电机	气动离合器	—
转矩变换	机械传动	液力传动	电传动	—	—	—
位移	轨道及轮	空气轮胎	履带	气缸	固定	—
取物	挖斗	抓斗	挂钩	—	—	—
取物传动	绳传动	机械拉杆	重力	气缸	自身驱动	油压缸

如果选取组合柴油机+液力耦合器+液力传动+履带+抓斗+油压缸，可以组成液压履带式挖掘机。如果选择汽油机+皮带传动+空气轮胎+挖斗+机械拉杆，可以组成机械轮胎式挖掘机。

不难看出，只要把课题的全部要素和各要素的所有形态都列出来，组合后的方案将是非常多的。

形态分析法可以广泛应用于新技术和新产品的开发，以及技术预测等许多领域。1943 年，美国加州理工学院的 F.兹维基在参加美国火箭研制过程中，为了找出更多的方案，采用数学中的排列组合原理，按照火箭各主要组成部件可能具有的各种形态的不同组合，在 1 周之内交出了 576 种火箭设计方案，其中有不少极具创造性的设想。

形态分析法的应用并不取决于发明者的直觉和想象，而是依靠发明者认真、细致、严密的分析，并且发明者精通与发明有关的知识；如果问题比较复杂、要素和形态很多、组合的数目也十分庞大，就会给评价带来困难，这就需要使用者抓住主要矛盾，并具有敏锐的直觉选择和评价能力。

形态分析法的实施程序如下。

1）明确需要解决的问题。要求能十分准确地说明所要解决的问题或所要实现的功能。

2）根据需要解决的问题，列出独立要素。分析需要创新的对象，确定它有哪些基本要素（或基本参数），要求各基本要素相对独立。

3）形态分析。找出每个要素的可能解决条件（即形态），要求尽量全面，既要列出当时技术条件下可达到的或在允许时间内可达到的方案，也要列出有潜在可能的各种手段和方法。

4）方案综合和选择。列出形态矩阵，将各个要素组合成多种创造性设想。形态分析法既可以避免先入为主的影响，又可以避免单凭头脑思考致使挂一漏万。形态分析法不仅在科学技术方面应用广泛，而且还应用于社会科学领域，特别是运用计算机进行分析，对复杂问题的处理会更加有效。

2.1.2 主体附加法

1. 主体附加法的概念

主体附加法是指以某一特定的对象为主体，通过置换或插入其他技术或增加新的附件进行创新的方法。此法常用于对产品做不断的完善与改进。

2. 主体附加法的实施步骤

1）有目的地选定一个主体。
2）全面分析主体的缺点。
3）对主体提出种种希望。
4）考虑能否在不改变或略改变主体的前提下，通过增加附属物来克服或弥补主体的缺陷。
5）考虑能否通过增加附属物来实现对主体寄托的希望。
6）考虑能否利用或借助主体的某种功能，附加一种别的东西使其发挥作用。

3. 主体附加法的注意事项

运用主体附加法往往可以使主体获得多种附加功能而成为多功能物品，然而作为多功能物品的设计应该全面考虑、权衡利弊；否则，会事与愿违，费力不讨好。

2.1.3 二元坐标联想组合法

二元坐标联想组合法（以下简称“二元法”），是将各类联想元素排列在直角坐标系中，使各类元素相交于相应点，在每个点上进行强制的创造性想象或联想，并逐个研究分析联想元素组合后现实存在的意义。

在平面直角坐标系中，坐标是由两条正交的纵轴和横轴组成的。纵轴和横轴上任意一对实数都能确定平面上的一个点。如果将纵轴和横轴上的实数用不同的事物取代，那么就可以借助坐标系把所列的客观事物在它们的交点联系起来，然后对每组联系开展创造性思维，从而产生前所未有的新设想、新形象或新方案，实现创造性的突破。

二元坐标联想组合法在技术创造、技术革新和技术发明中有着广泛的适用性，它有利于突破习惯思维，克服惰性思维，迅速产生大量的创造性设想。

二元坐标联想组合法的运用步骤如下。

1. 列出联想元素

列出联想元素时不受任何限制，可以随心所欲，但联想元素最好分类列出。联想元素最好以特性进行分类，如材料、功能、颜色、形态、名词、动词、形容词等。

材料：铝、塑料、木、铜、铁、竹、纸、陶瓷、玻璃等。

功能：遥控、光控、太阳能等。

颜色：红色、绿色、蓝色、紫色、黄色、白色等。

形状：圆形、椭圆形、方形、三角形、球形、半圆形、扇形等。

名词：手表、计算器、台灯、钳子、帽子、衣服等。

动词：手摇、脚踏、风动、电动、旋转、翻转、转动等。

形容词：柔软的、坚硬的、圆滑的、光洁的、粗糙的、快速的等。

2. 做二元坐标联想图

将联想元素填入相应联想图中的各点，再将各点连接起来，构成联想图。一般情况下，宜选取 18～24 种联想元素构成二元坐标联想图。

3. 强制联想和判断

针对每一个联想点进行强制联想并做出评判，将联想评判的结果用符号标记在联想图上。在对联想点进行联想判断时，由于每个人的职业、经历和知识存在差异，创造力也有高低之分，会得出不同结论，这都是正常现象，但每个人必须充分发挥创造性思维和转移能力，才能取得理想的效果。

4. 摘录有意义的联想

从二元坐标联想图中摘录有意义的联想，用确定的带修饰性的文字语言表述，叙述要简单明了，并将摘录出的联想以表格的形式列出来。

5. 对有意义的联想进行可行性分析

逐一对有意义的联想进行反复深入的分析、研究、分类，并确定实施方向。

对有意义的联想进行可行性分析，一般从以下 5 个方面考虑。

1）科学性。

2）新颖性。

3）实用性。

4）实现的可能性。

5）技术方面的可行性。

在技术方面应侧重考虑以下几个问题。

1）有无类似产品进行综合比较。

2）社会价值或意义。

3）涉及的知识面和技术关键。

4）能否达到生产条件和技术水平。

5）确定近期的或长远的研究课题。

二元坐标联想组合法形式简捷而不单调，适用性强，使用便利，效果显著，很适合个人或集体开展创造性活动。具体操作方法如下。

1）参加人员以1～6人为宜，活动由指定主持人负责，参加人员要有代表性。

2）各自列举联想元素，编制联想图，并分析、判断和摘取有意义的联想点。在企业或科研部门有一定革新方向的活动中，可由主持人按照革新方向和企业条件、专业，有目的地预先设置若干联想元素，这样有利于使联想引向革新的方向。但是，设定的联想元素不能太多，应以不超过总数的30%～50%为宜。需要注意的是，预先设置的联想元素会削弱联想的强度，可能会减少新设想的数量，但对于企业解决确定的问题是十分必要的。

3）依次互换联想图，将他人认为无意义的或有疑问的，而自己认为有意义的联想点摘录出来并记在纸上，但不要标在别人的联想图上。

4）各自对有意义的联想点进行分析，并将所有可行性联想点以表格的形式列出来。

5）主持人收集所有的可行性联想方案。

6）由主持人逐项公布可行性设想，请原分析者说明情况并展开讨论。

7）由1人记录，将讨论结果逐条记录，对有价值的整理成议案。

2.1.4 同物自组法

同物自组法是将两个以上的同类事物组合起来解决问题的方法，在技术发明中有许多应用。常见的同物自组包括功能组合、特性组合、技术组合等。

例如，圆珠笔携带方便，但时间长了字迹会淡化，不能用于签署重要文件，而传统钢笔字迹牢靠但灌墨水又不方便，于是，集圆珠笔的方便性和钢笔字迹的可靠性于一身的墨水宝珠笔诞生了。这种宝珠笔就是圆珠笔与钢笔的功能组合。

实训

组合创造法训练

（1）训练目标

开发大学生运用组合创造法解决问题的能力。

（2）训练要求

在深入理解组合创造法的基础上，以学生个人为主，也可以小组为单位开展技法训练。

（3）训练内容

将鸟类、玻璃、汽车、船舰、山、海、水、石、火、林木等不同种类的事物尽可能地联系起来，想象成一些新物品。

【解读】

本活动需要学生运用组合创造法，将不同种类的事物联系起来组合成新的事物。

（资料来源：黄必义，2018. 大学生创新创业实训教程[M]. 北京：高等教育出版社.）

2.2 列举分析法

场景引入

2.2.1 特性列举法

特性列举法是美国内布拉斯加大学教授克劳福德研究总结出来的一种创造方

法。它采用的主要手段是对发明对象的特性进行分析，并一一列出，然后探讨能否改革，怎样实现变革。因此，它特别适用于对具体事物的创造发明与革新。

特性列举法的具体应用程序如下。

1. 选择需要革新的对象，将对象的特性全部列举出来

先挑选一个比较明确的发明或革新课题。课题宜小不宜大，如果是一个比较大的课题，也可以分成若干小课题来进行。课题选定后，再列举发明或革新对象的特性。例如，把一部机器分解成一个个零件，每个零件的功能如何、特性怎样，以及与整体的关系如何，都要列出来。可以把列出的特性列成表，对表中的各项展开分析，从而发现线索。

2. 从 3 个方面列举事物的特性

名词特性：名称、材料、整体、部分、制造方法等。

形容词特性：性质、颜色、形状、感觉等。

动词特性：功能与功能作用的性质等。

例如，革新一把水壶，就可以先将水壶的特性分别列出，具体如表 2-2 所示。

表 2-2　水壶的特性列举

名词特性				形容词特性			动词特性
整体	部分	材料	制造方法	性质	颜色	形状	功能
水壶	壶嘴、壶把手、壶盖、壶身、壶底、蒸汽孔	铝、铁、搪瓷、铜等	焊接法、冲压法等	轻、重	红色、蓝色、白色、黄色、银白色等	高低、大小等	盛水、倒水、保温、烧水等

在这一阶段，必须注意尽量列举该事物的所有特性。列举得越充分、越详细，对创造提出的思路就越宽广，也就越容易取得成功。同时，充分列举事物的特性，也有利于将大问题化为小问题，有利于创造发明或技术革新的顺利进行。

3. 从各个特性出发，通过提问，诱发出用于革新的创造性设想

这时，可用智力激励法充分发散，以便产生更多的设想。在这一阶段，创造者应针对各种属性，用尽量多的创新可能加以置换，引出具有独特性的方案。这一阶段的关键是要详尽地分析每一特性，提出问题，找出缺陷，再试图从材料、结构、功能等方面加以改进。

4. 整理、选择可行性方案

将产生的众多设想，通过检核、评价，筛选出经济效益高、切实可行的设想，然后进一步完善为实用方案，并付诸实施，使产品更符合人们的需要。

在运用特性列举法进行创造时，应尽量从各个角度提出问题。对事物的特性分析得越详细越好，以便得到更多的启示。仍以前面提到的水壶为例，按习惯的看法，这种水壶已经没有多少需要革新的地方。若围绕水壶的名词特性，就可以提出“冒出的蒸汽会烫手，蒸汽孔能否移至别处”“焊接的地方能否采用其他的方法连接”“是否可以使用更廉价的材料制造”等。围绕水壶的形容词特性、动词特性，也可以提出一系列问题，这样就可能革新出更好的水壶来。

目前市场上销售的鸣笛壶就是通过这一思路革新成功的。这种水壶的蒸汽口设在壶口，水烧开后水壶会自己鸣笛，在远处就能知道水烧开了；水壶盖上无孔，蒸汽不会吹向手把，提壶时就不会烫手。水壶的外壳冲压成型，焊接壶底，使外观更加美观。

近年来，国内市场上畅销的气压保温瓶，就是从动词特性（功能）和形容词特性（美观）的分析中得到启示，对传统保温瓶做了革新的产物。革新后的保温瓶不仅具有气压出水的功能，其造型也有改变。因此，它不仅具有实用价值，而且具有装饰美化作用。

特性列举法是一种简单易行的创造技法，在新产品的开发设计中非常适用，特别适用于轻工业产品的小改革。在新产品的研制开发过程中，它有利于为设计方案提供思路，引导创造发明成功，所以值得推广。

2.2.2 缺点列举法

1. 缺点列举法的含义

缺点列举法是通过发掘事物的缺陷，把它的具体缺点一一列举出来，然后找出革新方案而进行创造发明的一种方法。

缺点列举法的特点是简单易行、容易掌握，可以直接从社会需要的功能、审美、适用性、经济性等角度出发，研究对象的缺陷，提出改进方案。

缺点列举法主要是围绕原来事物的缺陷加以改进，一般不改变原事物的本质与总体，属于被动型方法。它一般多用于旧产品的改造上，也可以用在完善不成熟的新设想和新发明上，以便发现缺点，加以改进，使其更加完美。

缺点列举法的应用范围非常广泛，它不仅可以用于革新某个具体产品，解决属于“物”一类的硬技术问题，而且还可以应用于企业管理，解决属于“事”一类的软技术问题。

现在，企业中正在生产或市场上正在销售的各种商品，都不是十全十美的，它们或多或少地存在这样或那样的缺点。可是，由于人们对于习惯的东西往往不再去发掘它们的缺陷，这使本来具有的创造力丧失，无所创新；相反，如果对产品“吹毛求疵”，找出它们的缺点，然后运用新的技术对产品加以改革，就会创造出更多新的产品来。

缺点列举法的具体应用程序如下。

1）列举出事物的缺点，必要时应广泛调查研究。例如，向用户征求对某种商品的反馈意见。

2）将缺点加以归类整理。

3）对缺点进行分析，设法改掉缺点，化弊为利。

使用缺点列举法时，也可以将同类产品集中在一起进行比对，寻找缺点，然后设法加以改进。这种方法起点高，前进步子大，一旦成功了，可以一下子占领市场。

2. 利用缺点列举法进行创造发明的做法

利用缺点列举法进行创造发明的具体做法主要有个人寻求缺点法、集体会议法和征询法。

（1）个人寻求缺点法

个人寻求缺点法是指创造者个体为了创造发明的目标，对事物的缺点进行追踪列举，尽可能地发散自身的思维，从多种途径、多个方面列举该事物的缺点，然后进行整理、加工，提出相应的解决线索或方案，从而使创造发明取得成功的一种创造性方法。

寻求个体的缺点往往受到个体智力水平、经验能力、思维活动能力的局限，但是现实中大量存在的仍是个体的创造活动。

（2）集体会议法

一些较大的技术改造和创造性活动，往往不是一个人所能完成的，这就需要集体的力量。集体会议法可以起到互相激励、互相影响、互相补充的作用，达到拾遗补阙的效果。

集体会议法的操作方法是召开缺点列举会，具体程序如下。

1）选定一个会议主持人。

2）由主管部门或会议主持人针对某项事物，选择一个需要改进的主题。

3）发动与会者围绕主题尽量列举原事物的各种缺点，越多越好。

4）在缺点列举会上不要出现批评或讥笑等现象，要使大家畅所欲言。

5）由一个人将所提出的缺点逐一记录编号，整理为缺点列举表，或记在一张小卡片上。

6）围绕缺点提出改进设想，或者有创意的线索。

7）评估、筛选。根据客观条件，提出改进方向，制订切实可行的革新方案。

8）会议的时间应控制在1～2小时。

采取会议形式实施缺点列举法，应注意会议讨论的题目宜小不宜大，即便是大的题目，也可分成若干小题目分次解决。如果一次会议效果不理想，还可以召开两次、三次或多次会议，直至取得满意效果。

（3）征询法

征询法多用在对产品的质量问题上。例如，通常为了解产品质量问题而采取的客户访问，实际上就是质量属性的缺点征询。针对产品的缺点，可以派员工到产品销售点（如商店）了解顾客对产品的看法和意见，然后经过整理归类并加以改进，也可以达到革新产品的目的。

征询法的形式多种多样，通常为征询表，以书面征询或口头征询为主，应根据具体条件灵活地应用不同的征询形式。

缺点列举法的特点是直接从社会需要的功能、审美、适用性、经济性等角度出发，研究对象的缺陷，提出改进方案。缺点列举法简单易行，容易掌握。

缺点列举法主要是围绕原来事物的缺陷加以改进，一般不变原事物的本质与总体，属于被动型方法。一般多用于老产品的改造上，也可以用在完善不成熟的新设想和新发明上，以便发现缺点，促使其完美。

缺点列举法的应用非常广泛，它不仅可以应用于革新某项具体产品，解决属于“物”一类的硬技术问题，而且可以应用于企业管理，解决属于“事”一类的软技术问题。

2.2.3 希望点列举法

1. 希望点列举法的含义

希望点列举法是从人们的“希望”出发而进行创造发明的方法。这种创造技法不同于缺点列举法。

缺点列举法是围绕现有事物的缺点提出各种各样的改进设想，这种方法不会离开物品的原形。因此，它是一种被动型的创造发明方法。希望点列举法是从创造者的意愿出发而提出各种新的设想，它可以不受原有事物的约束。因此，它是一种积极、主动型的创造发明方法。

利用希望点列举法进行变革，可以绘制希望点列举表，使事物的希望点清晰明了，使创造者的思路开阔，目标明确，从而有助于获得创造成果。表 2-3 为希望点列举表。

表 2-3 希望点列举表

序号	课题内容			
	事物改进希望点	改进设想	迁移转换设想（不局限于本事物）	确定实施方案（不局限于本事物）
1				

续表

序号	课题内容			
	事物改进希望点	改进设想	迁移转换设想（不局限于本事物）	确定实施方案（不局限于本事物）
2				
3				
4				
5				
6				
7				
……				

希望点列举法的思维过程是：使人们由幻想导出愿望，由愿望引出构思，由构思勾画出方案，最后使可行的希望点成为具体的事实。现有的许多事物都是经历这样的过程而创造出来的。

希望点列举法的主动型特性可以给人们这样的提示：在采用希望点列举法时，创造者要具有不满足现状的态度和敢于创新的精神。

希望点列举法的应用范围十分广泛。现在市场上流行的许多产品是根据人们的希望研究出来的。人们希望茶杯冬天能保暖，夏天能隔热，于是就发明了一种既能保热又能保冷的保温杯。

希望点列举法的具体应用程序如下。

1）对现有的某个事物提出希望。这个希望一般来源于两个方面：①该事物存在的不足；②人们对某产品功能方面的需求大幅增加，必须增加产品的功能，满足人们新的需求。

2）评价所产生的希望。

3）实施可行性希望，以期达到创造性结果的出现。

例如，人们日常穿的衣服一般都不防雨，下雨的时候，人们在外面往往会被淋湿，行动上也有许多不便。基于此，人们便产生了许多希望：①生产一种既能平时穿，又能下雨时穿的衣服；②把雨下到田里去，不要下到人们经常活动的马路上等处；③把马路遮上一部分，即使下大雨，人也不会被淋湿；④在人们休息后，如在晚间零点以后才下雨，白天不要下雨等。

提出这些希望以后，就要逐个加以分析研究，分析在现有的科学技术水平下，哪个希望更容易实现。

分析上面 4 个希望不难看出，第①和第③个希望容易实现。现在市场上已有多种式样的晴雨衣出售，穿着舒适，晴天透气性良好，雨天又可以防雨，不会打湿内衣；针对第③个希望，特别是南方多雨的城市，在商业闹市区段，把人行道遮起来

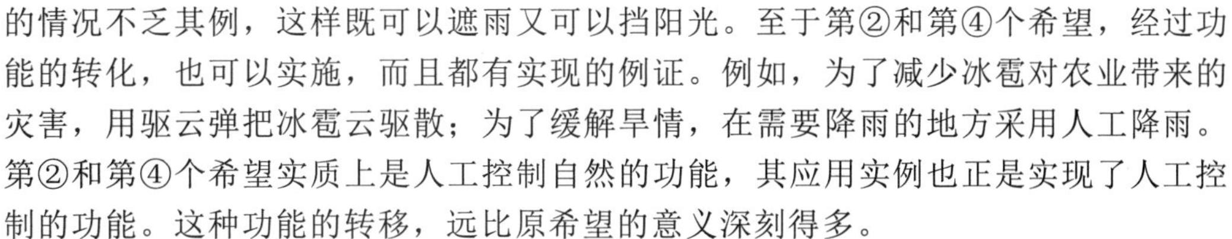

的情况不乏其例，这样既可以遮雨又可以挡阳光。至于第②和第④个希望，经过功能的转化，也可以实施，而且都有实现的例证。例如，为了减少冰雹对农业带来的灾害，用驱云弹把冰雹云驱散；为了缓解旱情，在需要降雨的地方采用人工降雨。第②和第④个希望实质上是人工控制自然的功能，其应用实例也正是实现了人工控制的功能。这种功能的转移，远比原希望的意义深刻得多。

2. 希望点列举法的具体形式

希望点列举法可采取的形式灵活多样，通常有以下几种。

（1）书面收集法

书面收集法是按事先拟订的目标进行设计，发放卡片，发动顾客、用户或本单位职工，请他们提供各种不同的希望，然后收集、归类和整理，对之进行认真分析，制订实施方案。

例如，某服装厂想研制一种新式服装，但不知什么样的服装才会受到顾客的欢迎，就通过调查顾客对服装提出的希望来研制新的服装。又如，有的顾客提出希望有一种不用纽扣、穿脱方便的服装，服装厂就研制出一种尼龙搭扣，用此尼龙搭扣的衣服，穿脱时不用纽扣，实现了穿脱方便的特点。

（2）会议法

会议法是召开希望点列举会进行的创造发明活动。会议法的具体做法如下。

1）会前由会议主持人选择一件需要改革的事物作为主体，在会上发动与会者围绕主体列举需要改进的希望点。

2）为了激发与会者产生更多的改革希望，可将每人提出的希望用小卡片写出，并在与会者之间传阅，这样可以在与会者中互相激励，产生连锁反应，有利于实现希望点的数量和质量。

3）会议法也可以由 1 人做记录、众人提出问题的形式进行。

4）会议一般由 5～10 人参加，时间一般控制在 1～2 小时。

5）会后将提出的各种希望进行整理，从中选出目前可能实现的若干项进行研究，制订出具体的革新方案。

（3）访问法

访问法是指以客户访问的形式，派人走访客户，征求客户的希望或要求，或在商店柜台访问顾客。将收集到的方案进行整理研究，发动群众提出改革建议，并付诸实践，以期实现希望。

 实训

实训一　缺点列举法训练

（1）训练目标

开发大学生运用缺点列举法解决问题的能力。

（2）训练要求

以 2～10 人为小组集体进行，坚持“推迟评判”原则，提出的缺点越多越好。每次 1 小时左右。如果课题复杂，可以把内容分成若干部分，分几次进行。集体训练时，应有一位善于组织领导、有幽默感的人担任主持人。对列举的缺点和提出的改进设想及时进行记录。

（3）训练内容

1）运用缺点列举法，对眼镜提出缺点与改进设想。

缺点：________________________________

改进设想：______________________________

2）对本地区电视台栏目的开设及建设提出缺点与改进设想。

缺点：________________________________

改进设想：______________________________

【解读】

本活动需要学生利用缺点列举法，列举出眼镜和本地区电视台栏目中存在的缺点，并提出改进设想。

实训二　希望点列举法训练

（1）训练目标

开发大学生运用希望点列举法解决问题的能力。

（2）训练要求

以 2～10 人为小组集体进行，坚持“推迟评判”原则，提出的希望点越多越好。每次 1 小时左右。如果课题复杂，可以把内容分成若干部分，分几次进行。集体训练时，应有一位善于组织领导、有幽默感的人担任主持人。对列举的希望点和提出的改进设想及时记录。

（3）训练内容

1）运用希望点列举法，对眼镜提出希望点与改进设想。

希望点：____

改进设想：____

2）对本地区电视台栏目的开设及建设提出希望点与改进设想。

希望点：____

改进设想：____

【解读】

本活动需要学生利用希望点列举法，列举出眼镜和本地区电视台栏目中的希望点，并提出改进设想。

2.3 设问创造法

场景引入

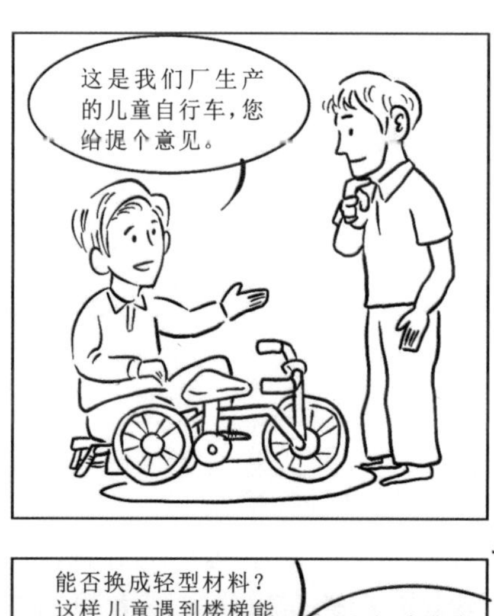

2.3.1 奥斯本检核表法

1. 奥斯本检核表法的含义

奥斯本检核表法（简称“检核表法”），又称为思路提示法，它是根据需要创造发明的对象和社会发展中需要解决的问题，列出按项分类的提纲式表格，然后有条理、逐项地进行考核并讨论研究，从而得到创造发明设想和解决问题的方法。奥斯本检核表法能够大量开发创造性设想，有效地为创造性思考提供合理的步骤。

奥斯本检核表法由于其特殊性，几乎适用于任何类型与场合的创造性活动，因此享有“创造技法之母”的称誉。奥斯本检核表法的使用程序如下。

1）对某一件产品或某一个事物，从多个方面加以提问，根据不同情况可以得到一系列新设想。

2）对所有设想逐一加以分析，可以产生最终解决问题的综合方案。

2. 奥斯本检核表法的分类

奥斯本检核表法分为两类：①项目检核问题表法；②普通检核问题表法。

项目检核问题表法的特点是：表中罗列一系列问题和注意事项，以给人指出解决一般性问题的方向。

普通检核问题表法的特点是：表中罗列一系列具有共性和普遍意义的问题，以给人指出创造性解决问题的方向。

3. 奥斯本检核表法的具体问题和做法

（1）奥斯本检核表法的9个问题

奥斯本检核表法的具体做法是从以下9个问题来进行检核。

1）现有的事物，现有的发明、方法、材料有无新的用途？是否有新的使用方式？可否改变现有的使用方式？如果原状不变能否扩大用途？或者稍加改变有无别的用途？

2）能否借用别的方案？有什么东西与它相似？过去有无类似的问题？过去有无类似的创造发明？过去有无类似的发明可模仿？现有的发明能否引入其他的创造性设想之中？能否产生新的观念？

3）现有的东西是否可以做某些改动？是否可以改变功能、颜色、形状、运动、气味、形态、花色、型号、形式？改变之后效果如何？是否还有其他改变的可能性？

4）能否扩大、增加一些东西？现有发明能否扩大使用范围？能否添加部件、长度、强度、寿命、价值、速度等？能否提高性能、改变成分？

5）能否缩小、省略某些东西，如变小、变窄、变薄、缩短、减轻、压缩、密集、浓缩、聚束、分割、省略、简化？

6）可否由别的东西代替，如材料元件、工艺条件、方法结构、原理、程序、能源等？

7）从调换、改变、替换、变化的角度来思考问题，可否变换模式？有无可互换的成分，如改变布局、改变顺序、变换规范、变换因果关系、改变过程、改变工序、改变速度、改变造型、改变型号等？

8）从相反相成的角度来思考问题，现有的发明或东西能否倒过来用？上下、左右、前后、高低是否可以颠倒？里外、反正、位置是否可以倒换？能否用否定代替肯定？

9）从综合的角度来分析思考问题，现有的发明或事物能否组合在一起？可否重新组合？可否混合、合成、配合、协调、配套、综合？可否进行材料、元部件形状、功能、方法方案、目标、特性、观念等的组合？

上述 9 个问题对于任何领域创造性地解决问题都是适用的。

（2）奥斯本检核表法的具体做法

奥斯本的检核表中包括 75 个问题，这些问题不是奥斯本凭空想象的，是他在研究和总结大量近现代科学发现、发明、创造事例的基础上提出来的。现将这些问题归结为 8 个方面加以简要说明。

1）扩展。

人们进行的创造性活动大体遵循两条途径：①先认定目标，再据此寻找达到这一目标的方法；②从某一现有事实出发，通过发散思维，想象它还有哪些用途，由此将思维引向新目标，如现有的发明（包括材料、方法、原理等）还有没有其他的用途，或者稍加改造就可以扩大它的用途。

尽管世上各种事物都有其特定功能，但只是人们所习惯的常用方面，其潜在功能有很多。对潜在功能的开发，必定会带来新的效益。

用途的扩展包括诸多方面的含义，创造者可以从多个方面进行发散思维。它包括思路扩展、原理扩展、产品应用扩展、技术扩展、功能扩展、材料扩展、配套扩展等。

2）借鉴。

创造发明是产生新型未知的东西，通过借鉴、移植可以从已知的东西得到启发。

现有的发明能否借鉴别的方案、移植别的发明，或有什么相似之物可以模仿、怎样模仿，这种联想类比思维是解决问题的有效途径。

英国物理学家和化学家法拉第为了解释静电与动电之间的差别，从自然现象的瀑布得到启发，通过类比，他把电压比作落差，电荷比作水量。法拉第由此得出，电压乘以电荷可得出电能。

3）变换。

在创造性活动中，有许多事物，只要我们做适当的变化，如改变颜色、味道、声响、形状、型号、位置等，即可取得意想不到的效果。对现有发明的变换也是进行创造性活动，并取得创造成果的有效手段和方法。

我国古代有个故事叫“田忌赛马”，说的是齐国将军田忌的3组马分别略逊于齐威王及诸公子的相应等级的马，所以经常是以连输3局的结果败给齐威王。后来，田忌采纳孙膑的计策，以其下、上、中三等马分别对应齐威王的上、中、下三等马参赛，最终以三局两胜的成绩战胜齐威王。

众所周知，悦耳动听的音乐能够使人心旷神怡，有益于身心健康；相反，嘈杂刺耳的噪声则会使人心烦意乱，甚至会引起多种疾病。实验证明，合理强度和节奏的音乐不仅可以调节人的情绪，而且可以使乳牛多产奶、鸡多生蛋、西红柿多结果。

现有发明的变换主要包括形状变化、结构变化、颜色变化、声音变化、因果变化，以及改变布局、改变顺序、改变速度、改变日程、改变型号、改换元部件等。

4）强化。

奥斯本指出，在自我发问的技巧中，研究“再多些”与“再少些”这类有关联的成分，能给想象提供大量的线索。

将现有的发明扩大，或增加一些东西，如延长时间、长度，增加次数、价值、强度、速度、数量、功能等，就会展现出一些新的成果。

对现有发明的强化主要包括附加功能、强化技术、放大、增加等。

5）压缩。

世界上事物的变化总是遵循从简单到复杂，然后再从复杂到简单这样一个原理，人类的认识过程也是遵循这个原理。这里所说的简单不是单纯的简化，而是在哲学或美学意义上的简单，从复杂转化来的简单，是复杂的抽象和概括，是对复杂的浓缩或压缩。

对现有发明的压缩主要包括简单化、短路化、微型化、折叠化、自动化、省力化等。

6）替代。

替代或者代换也是创造发明的基本形式。在进行创造性活动中，往往可以利用替代的方法取得创造发明的突破。例如，人们熟知的“曹冲称象”，就是利用替代法来解决称象的难题。在曹魏时代，是无法直接称得一头大象的重量的。曹冲利用水对船的浮力相等，分别把大象和等量石头放在船上，将称大象用称石头替代，称量出石头的重量，从而得知大象的重量。

对现有发明的替代主要包括原理、能源、材料、功能、工艺、动力元器件、方法、符号、声音、颜色等。

7）颠倒。

颠倒是一种反向思维的方法（即逆向思维），它在创造性活动中有着出奇制胜的作用。

逆向思维的主要特点是不循常规，敢于标新立异，它可以广泛应用于各个领域的创造性活动，特别是对于一些用常规方法难以奏效的事物。

自然界的许多现象和事物往往都具有正反两方面的意义，因而认识事物和解决问题的思路及方法也就不能是单向的。大量事实证明，从事物的正反两方面去思考和寻求解决问题的方法，常常会得到好的效果。

对现有发明的颠倒应用主要包括正反颠倒、上下颠倒、左右颠倒、主次颠倒、前后颠倒、目标颠倒等。

8）组合。

当前，科学技术、生产管理都存在从分到合、从整体出发的综合观点。许多构想都是经过组合而获得的。运用组合的方法将会取得更好的创新效果。

组合是宇宙万物的普遍现象。大到宇宙空间，小到分子、原子，从国家机构到一个普通家庭，我们都可以将其看作不同构件的组合体。

可以将现有的几种发明组合在一起。例如，进行材料、零部件、形状、功能、方法、目标、方案的组合，就会得到一种新的创造发明成果。

综上所述，奥斯本检核表法是一种行之有效的创造发明方法。在使用该方法时，可以根据需要，由一个人检核，或多人操作。多人操作一般以3～8人为宜，这样既可以利用检核表产生出新的创造性设想，又可以相互激励产生出更多新的设想。

在依据奥斯本检核表法进行创造性活动时，需要注意以下几个方面的问题：①不要遗漏，要一条一条地逐条检核。②要多检核几遍，以便充分提出创造性设想。③尽可能地发挥自己的想象力和创造力。

做到这几点，就能产生许多创造性设想，就有希望获得创造发明的成功。

2.3.2 和田十二法

和田十二法，又称为和田创新法则，是我国学者许立言、张福奎在奥斯本检核表法的基础上，借用其基本原理，加以创造而提出的一种思维技法。它既是对奥斯本检核表法的一种继承，又是一种大胆的创新。例如，其中的“联一联”“定一定”等，就是一种新发展。同时，这些技法更加通俗易懂，简便易行，便于推广。具体方法如下。

1）加一加。能否通过把一件物品加大一点、加长一点、加重一点、功能加多一点等，使物品在形态上、功能上、尺寸上有所变化，更有利于使用。例如，把普通伞加大一点成为沙滩伞、街上设摊用的晴雨伞；把橡皮和铅笔加一加成为橡皮头铅笔。

2）减一减。把原物品减小一点、减轻一点，能否使其形态、价值、功能、成本等明显优化。例如，从电子管到晶体管再到集成电路，使电子设备体积、材耗、能耗明显减少，性能更稳定可靠，使用更方便；近视眼镜减小为隐形眼镜，对近视眼患者更为方便；为减轻重量，以塑代钢等。

3）扩一扩。把原物品放宽一点、扩大一点，使其功能产生明显的变化。例如，放大镜、显微镜、大屏幕电视、投影电视、围棋和象棋比赛用的演示挂盘等。

4）缩一缩。能否把现有产品体积缩小一些，成为小型、微型，给使用者带来方便。例如，现有锅炉内部分布有许多水管，水管用以增加水的吸热面从而提高热效率，有同学根据这个原理设计制造了“火管式水壶”，在水壶内装一螺旋管，一段在壶底开口焊接，一段焊在壶顶部，即变成一种缩小了的火管式锅炉。

5）改一改。改进物品原来的形状、性能、结构，使其产生新的形态、功能、特性，使其更简单、轻便、省力、多功能、高效率、有特色。例如，雨伞由普通伞改为折叠伞、自动伞；白炽灯改用彩色玻璃、乳白玻璃；电话机由拨盘改为按键、脉冲改为音频、有线改为无线等。

6）变一变。通过改变原物品的形状、尺寸、颜色、音响等，使人产生一种新的感觉。例如，服装的面料、颜色、图案、款式的变化，深受人们欢迎；铅笔杆由圆形变六角形、三角形等。

7）联一联。把一个物体与另一个物体联系或组合起来。它的特点是把多种规律和多种功能进行组合。例如，瑞士有名的多功能军用小刀就是把刀、剪、钳、开瓶器等组合起来，成为大受欢迎的世界著名产品。

8）学一学。通过学习、模仿别的产品、物体的形状、结构、色彩、性能、规格、功能、动作等来实现新的创作。例如，美国科学家研究、模仿蜘蛛的动作制造了 8 条腿的自行机器人，在火山口复杂的地形环境中能行走自如。又如，中成药剂量大、服用不方便一直是困扰医疗界的课题，有人就把中药的有效成分高度浓缩制成类似西药的片剂、丸剂，体积减小，容易携带，服用方便。

9）代一代。材料、方法、工具、商品等能否用其他代用。例如，以塑代钢，以纸代木，以半导体代电子管等。

10）搬一搬。能否把某事物或其中某一部件的制作工艺、原理、方法搬动一下，产生一种新物品，这也是发明者常用的技法。当然，模仿或局部模仿也是“搬一搬”的应用实例。例如，将电视机拉杆天线搬到圆珠笔上，制成的“教鞭圆珠笔”深受广大教师喜爱。

11）反一反。试着把某事物的形态、性质、功能、结构反一反，或者把上与下、里与外、前与后、横与竖、方与圆、左与右、导电与绝缘、热与冷等矛盾的两个方面反一反，产生新的产品、新的功能、新的用途。例如，电转化为磁可做成电动机，反过来，由磁转化为电则制成发电机。

12）定一定。在解决某一问题或改进某一物品时，能否先有一个约定的标准或大家都能接受的规定，能使工作效率更高、更方便、更准确，这就是定一定。例如，以前温度测定只能用人的感觉判定，既不方便又难有一个准确的标准。瑞典科学家摄尔修斯想出了在水的冰点与沸点间划出 100 等份，把每一等份定为 1 度的方法统一了温度的测量。

2.3.3 5W2H 法

5W1H 法由美国陆军首创，通过连续提出 6 个问题，构成设想方案的制约条件，设法满足这些条件，便可获得创新方案。目前，5W1H 法已广泛应用于改进工作、改善管理、技术开发、价值分析等方面。5W1H 法的实施程序如下。

1）对某种现行的方法或现有的产品，从 6 个角度做检查提问，即：①为什么（why）；②做什么（what）；③谁（who）；④何时（when）；⑤何地（where）；⑥怎样（how）。

2）将发现的疑点、难点列出。

3）讨论分析，并寻找改进措施。

如果现行的方法或产品经此检查基本满意，则认为该方法或产品可取；如果其中某些点的答复有问题，则在这些方面加以改进；如果是某方面有独到的优点，则应借此扩大产品的效用。

5W2H 法通过连续提的问题，构成设想方案的制约条件，设法满足这些条件，便可获得创新方案。它是在 5W1H 法的基础上增加了 how much，视问题的性质不同，设问检查的内容也不同。例如：

1）为什么（why）。为什么发光？为什么要做成这个形状？为什么不用机械代替人力？为什么产品制造的环节这么多？为什么要这么做？等等。

2）做什么（what）。条件是什么？目的是什么？重点是什么？功能是什么？规范是什么？要素是什么？等等。

3）谁（who）。谁来办合适？谁能做？谁不宜加入？谁是顾客？谁支持？谁来决策？忽略了谁？等等。

4）何时（when）。何时完成？何时安装？何时销售？何时产量最高？何时最切时宜？需要几天合适？等等。

5）何地（where）。何地最适宜种植？何处做才最经济？从何处去购买？卖到什么地方？安装在哪里最恰当？何地有资源？等等。

6）怎样（how）。怎样做最省力？怎样做最快？怎样效率最高？怎样改进？怎样避免失败？怎样求发展？怎样扩大销路？怎样改善外观？怎样方便使用？

7）多少（how much）。功能如何？效果如何？利弊如何？安全性如何？销售额如何？成本多少？等等。

实训

实训一　奥斯本检核表法训练

（1）训练目标

开发大学生运用奥斯本检核表法解决问题的能力。

（2）训练内容

从以下两个课题中选取一个，应用奥斯本检核表法（表 2-4）进行分析并提出解决方案。

1）对枕头进行改进。

2）提出良好的公民道德操守培养方法。

表 2-4　奥斯本检核表法所用表格

序号	检核项目	发散设想	初选方案
1	能否他用		
2	能否借鉴		
3	能否变换		
4	能否扩大		
5	能否缩小		
6	能否替代		
7	能否调整		
8	能否颠倒		
9	能否组合		

【解读】

本活动需要学生利用奥斯本检核表法对训练内容提出改进设想。奥斯本检核表法是根据需要创造发明的对象和社会发展中需要解决的问题，列出按项分类的提纲式表格，然后有条理地逐项进行考核，讨论研究，从而得到创造发明设想和解决问题的方法。

实训二　5W2H 法训练

（1）训练目标

开发大学生运用 5W2H 法解决问题的能力。

（2）训练内容

从以下两个课题中选取一个，应用 5W2H 法（表 2-5）进行分析并提出解决方案。

1）策划在本城区开一家饮食店。

2）挖掘本单位工作效率的潜力。

表 2-5 5W2H 法所用表格

提问项目	提问内容	情况原因	改进措施
为什么			
做什么			
谁			
何时			
何地			
怎样			
多少			

【解读】

本活动需要学生运用 5W2H 法对训练内容提出改进措施。

思考与检测

一、单项选择题

1．使用缺点列举法的一般程序是（　　）。

A．忘记缺点

B．确定对象

C．列举对象的缺点和不足，然后针对缺点提出设想

D．将缺点归类

2．准备长途旅行时，我们一般预先列一个需要携带的物品清单，在出发前逐项检查核对，这种做法类似（　　）创新方法。

A．奥斯本检核表法　　B．和田十二法

C．5W2H 法　　D．特性列举法

3．无线鼠标解决“线”的麻烦，其创新点体现了奥斯本检核表法中的（　　）检核项目。

A．能否缩小　　B．能否扩大

C．能否替代　　D．能否变换

4．设问创造法中最为典型的方法是（　　）。

A．奥斯本检核表法　　　　B．和田十二法
C．5W2H 法　　　　D．系统提问法

5．人们用画出来的石条来代替原来的石头，就是现在的“斑马线”，这体现了奥斯本检核表中的（　　）检核项目。

A．能否缩小　　　　B．能否扩大
C．能否替代　　　　D．能否借鉴

二、填空题

1．在使用主体附加法创造时，主体事物的性能基本保持不变。__________只是对主体起补充、完善或充分利用主体的作用。

2．人们希望拥有“顺风耳”“千里眼”，进而发明了电话，使用了__________列举法。

3．__________是通过对事物进行深入分析的基础上，对其缺点一一列举，从而找出改进或创新方案，使之更加完美的创造方法。

4．由现代创造学奠基人奥斯本创立的，被誉为“创造技法之母”的方法是__________。

5．和田十二法，又称为和田创新法则，是我国学者__________在奥斯本检核表法的基础上，借用其基本原理加以创造而提出的一种思维技法。

三、简答题

1．简述缺点列举法和希望点列举法的异同。

2．简述 5W2H 法。

课外实践

寻找创新人物

借助自己的人际圈子或网络，找到一名自己佩服的偶像，分析其成就和经历，总结其个人创新特质有哪些比较突出的方面，并用事实或数据加以佐证。与小组同学互相分享，看看他们的反应与反馈是怎样的。与此同时，深入思考其他同学分享的案例并积极回应组内其他同学的分享，表达自己的看法，仔细思考给自己带来的启发有哪些。

结合自身实际，思考要成为创新型人才，自己还需要做哪些方面的努力，然后有针对性地制订一份属于自己的创新能力提升计划。

本章要点

- 创造技法主要包括组合创造法、列举分析法、设问创造法。

• 组合创造法包括形态分析法、主体附加法、二元坐标联想组合法、同物自组法。

• 列举分析法包括特性列举法、缺点列举法、希望点列举法。希望点列举法是从人们的“希望”出发而进行创造发明的方法，缺点列举法则是围绕现有事物的缺点提出各种各样的改进设想。

• 设问创造法包括奥斯本检核表法、和田十二法、5W2H 法。

创　新　篇

第3章　创新思维

本章导读

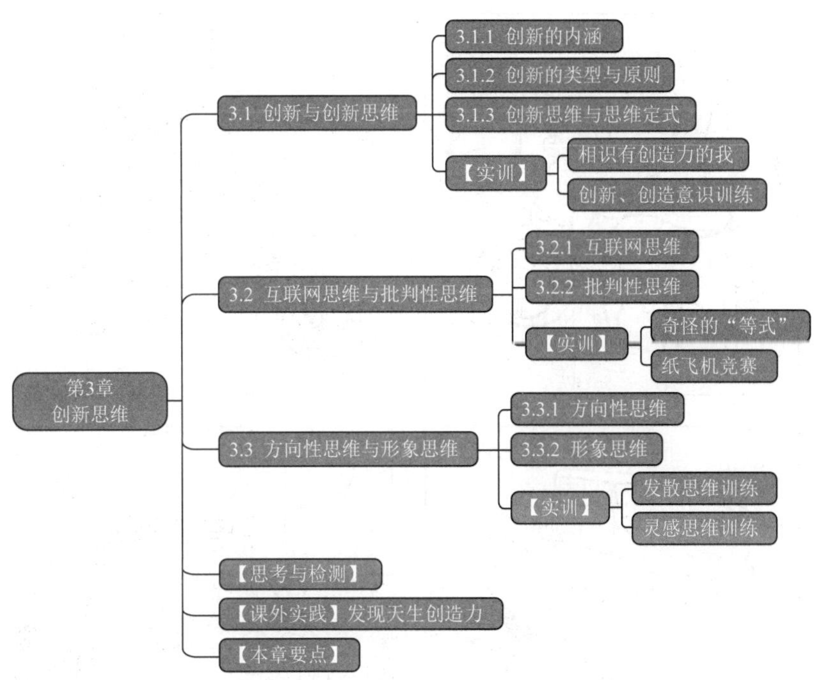

重点难点

理解创新与创新思维等理论性很强的知识点，以及创新思维的几种表现形式，并在此基础上培养自己的创新思维。

目标与要求

◎ 理解创新与创新思维的内涵、创新的类型与原则。

◎ 了解互联网思维和批判性思维的内涵。

◎ 了解方向性思维和形象思维的几种表现形式。

◎ 能够运用创新思维突破思维定式，解决生活中遇到的实际问题。

关键知识点

创新与创新思维的内涵，创新思维的几种表现形式。

3.1 创新与创新思维

场景引入

3.1.1 创新的内涵

“创新”一词，最早见于《魏书》：“革弊创新者，先皇之志也。”（《魏书》卷六十二）。后世古籍中又数次出现“创新”一词，都大抵与“革新”同义，主要是指改革制度。《辞海》里讲：“创”是“始造之也”，有首创、创始之义；“新”是“初次出现的。与旧相对”，有才、刚之义。“创新”有 3 层含义：①舍弃旧的、创造新的；②在现有的基础上改进更新；③创造性的、新的想法。

从创业的角度来讲，现代管理学之父彼得·德鲁克在《创新与企业家精神》一书中提出：创新是一个过程，是一项有组织、有系统且富有理性的工作；创新是企业家展现其创业精神的特定工具，是赋予资源一种新的能力使之成为创造财富的活动，创新本身就创造了资源。对于创新的定义，德鲁克认为应该强调创新的效果及意义，创新应该是对现有的资源进行改变。

3.1.2 创新的类型与原则

1. 创新的类型

根据创新程度的大小，创新可以分为根本型创新、适度创新和渐进型创新。

（1）根本型创新

根本型创新是指引入一项新技术，从而产生了一个新的市场基础。马斯克的公司发明的火箭回收技术就属于根本型创新。

（2）适度创新

适度创新是由公司的原有产品线组成，但产品并不是创新性的，即市场对于它并不陌生，它只是企业当前产品线上的新产品。适度创新的特点是所生产出来的产品虽然不具有很强的创新性，但适度创新的产品是目前市场上不具备的新产品，属于首创产品。无桩共享单车就属于适度创新。

（3）渐进型创新

渐进型创新是指通过不断的、渐进的、连续的微小创新，最后实现创新的目的。渐进型创新是非常重要的。首先，它能够充分利用已有的资源；其次，很多创新起步于微小创新，若干微小创新通过相互支撑才能发挥作用；最后，微小创新通过连续积累并产生作用，由小到大，从量到质，从而引发一项重大的创新出现。例如，智能手机拍照效果越来越好，就是通过增加摄像头、改进摄像头实现的，属于渐进型创新。

2. 创新的原则

（1）创新要遵循科学技术的基本原理

在创新过程中，首先要遵循科学技术的基本原理，不能违背科学技术的基本原理、科学发展的基本规律，否则创新就会“南辕北辙”，结果徒劳无获。例如，有人试图发明一种既不消耗能量，又可源源不断地对外做功的“永动机”，结果不言而喻。这种创新失败的原因就在于违背了“能量守恒”的基本原理。

（2）创新要接受市场的检验和评价

创新的价值最终要接受市场的检验和评价。爱迪生曾经说过，他不打算发明任何卖不出去的东西，因为不能卖出去的东西说明其价值是有限的。能被市场认可、能被顾客购买是发明创造可以产生实际价值的最好检验。

具体可以从以下几个方面进行评价。

1）是否能解决用户迫切需要改善的问题。

2）是否能显著优化现有产品/服务的功能、结构。

3）是否能有效提升现有产品使用操作的便捷性。

4）是否能增强产品的维修、维护与保养。

5）是否可以提升产品服务的用户美誉度和口碑。

（3）创新要依循相对较优的方案选择

在创新过程中，一般不可能做到最优和最佳状态。这要求人们在创新时要遵循“相对较优”的原则，对创新进行择优判断。首先，从技术方案的先进性方面进行分析比较，选择相对领先和具有前瞻性的创新方案。其次，从创新实现的经济合理性方面进行比较，选择相对经济合理和科学有效降低成本的方案。最后，从技术先进性与经济合理性两个方面进行综合分析，选择整体上相对较优的方案。

（4）创新要避免烦琐复杂的机理

有的创新会把简单问题复杂化，从而造成创新的结果抵不上为此所付出的代价，使创新的方案在实现上远远超出合理的范畴。如果我们的创新在结构上复杂、功能上冗余、实际使用时更加烦琐，就意味着该创新在技术实现上并不可取。因此，在创新过程中，我们要避免复杂，而尽可能贯彻机理方面的简单实用。为使创新及其结果符合机理相对简单的原则，可对创新进行如下论证。

1）创新所依据的原理是否烦琐，超出其应用范围。

2）创新所设计的结构是否复杂，超出其应有程度。

3）创新所涉及的功能是否冗余，超出其应有数量。

（5）创新要具有新颖性、独特性

创新在本质上必然要求具有“开创”“新颖”等特征，即要打破既有规则和常规做法，而不是简单的“替换”和“复制”，创新贵在新颖和独特的创造。在创新活动中，评价创新是否新颖、独特，可从以下几点来考查。

1）创新是否具有真正的新颖性，是否“井底之蛙”。

2）创新是否具有引领的开创性，是否“早已存在”。

3）创新是否具有独特性，是否“与众不同”。

（6）创新要积极鼓励，忌轻易否定

我们在看待创新时，应注意避免不做深入科学实践论证而犯轻易否定的主观判断错误，或用有限的甚至错误的“理论”进行简单分析推论。不恰当的否定有时是源于否定者运用了错误的“理论”，有时是因其自身主观武断且简单地用常规思维来推断其“不可能”实现，而忽略了技术进步或方案改进带来的“可能”结果。

为避免轻易否定带来的“误判”，我们要注意不能在事物之间进行简单随意的比较，对待创新（特别是相近的创新），主观上不能以简单的“认为”来片面地下结论，而应以客观实践来验证并分析其可能性。

一般来说，否定与批评一个创新设想比产生一个创新设想要容易得多。因此，我们要尽量积极看待一切创新，尽可能避免盲目否定别人的创意和设想。

3.1.3 创新思维与思维定式

1. 创新思维的概念

广义的创新思维是指人们在发现问题并解决问题的过程中，能够起到重要作用的思维活动。狭义的创新思维是指人们在创新活动中直接形成创新成果的思维活动。

创新思维的诀窍在于多角度地看待和处理事务、问题和过程。创新思维的常见类型有互联网思维、批判性思维、方向性思维、形象思维等。

2. 创新思维的基本特征

（1）敏感性

敏感性是指具有创新思维的人能吸收具有常规思维的人常常忽略的信息的能力。敏感性使具有创新思维的人能在空间和时间里捕捉到有价值的、新的信息。这种特性意味着具有创新思维的人能够很快注意某一事件中存在的问题。

（2）灵活性

灵活性主要表现在两个方面：①变通力，即能够适应变化了的各种情况；②摆脱惯性，即表现在思维方向的变化上。灵活性意味着不以僵化的方式看待问题。

（3）流畅性

流畅性体现在短时间内能够连续表达出的观念和设想的数量，它反映的是创新思维的速度和数量。

（4）独特性

独特性是创新思维的本质特征。独特性主要表现为与他人不同、独具卓识。例如，在思路的探索上、思维的方式方法上和思维的结论上，能够提出新的创意，实现新的突破。

（5）综合性

创新思维是许多因素结合在一起的综合性思维活动。它既包括多种思维方式的综合运用，也包括多种思维方法的综合运用。

3. **克服思维定式的方法**

（1）排除“以往经验”的束缚

随着时间的推移，人们在日常生活、学习和工作中的经验积累逐渐增加，解决的问题也越来越多。依靠经验已成为人们解决问题的一种习惯，这个习惯对于那些从事创造性活动的人来说则是束缚。习惯容易使人处于一种“有经验可循，不必多思”的僵化状态，因而在解决问题时常常止步不前，难得其解。

经验丰富固然重要，但是利用经验来解决问题时，要与时间、条件、地点等具体情况相结合，若想当然地凭借经验生搬硬套，则往往达不到预期效果，甚至还可能犯错误，致使经验阻碍问题的解决。因此，大学生在解决问题时可以利用“以往经验”，但是在思考和解决问题时切不可被“以往经验”所束缚。

（2）不要受学术权威“结论”的束缚

大学生在日常学习和生活中，如果发现其中某一个问题已有专家的定论，往往就会终止探讨，而以专家的结论为准。然而，这样做是不符合科学精神的。因为专家的某些结论也不一定正确，所以正确的方法是认真、仔细地进行分析研究，查看研究过程中是否出现了错误。如果没有发现错误，重复研究仍然得出同一结论，就不能受专家结论的束缚，而必须敢于质疑权威。大学生要想成为创新人才，就要有敢于思考、敢于做、敢于说的品格，不让自己的思维被学术权威的“结论”所束缚，用尊重的态度对待权威，而非盲目迷信。

（3）用“搁置法”摆脱思维定式的束缚

思维定式的形成和影响都具有时间性。例如，一些有经验的科学家完成论文后，会把它搁置一段时间后再去读。把自己当成带有怀疑、挑剔眼光的读者，往往会发现很多问题。实验已经证明，思维定式的痕迹就像记忆的痕迹，时间一长就会慢慢消失。人们常常认为，成功在于坚持不懈的努力。事实上，把问题放一放，有助于消除思维定式的影响，有利于获得新的思路和新的方法。

（4）依靠别人帮助摆脱思维定式的影响

团队合作可以相互补充、互相帮助，也有助于克服思维定式的影响。科学研究植根于讨论，因为讨论可以打破个人的思维定式，并通过了解他人的想法，从中获得灵感和启发。讨论不仅可以找熟悉本行业的人，也可以找非本行业的人。之所以要与非专业人士讨论，是因为他们的思维方式异于自己，差异越大，越有助于克服思维定式，并能帮助自己发现遗漏问题，找到解决问题的新途径，或者看到两个或两个以上的现象或设想之间的新联系。

实训

实训一 相识有创造力的我

对学生进行简单分组，然后进行下面的热身活动。

（1）请用5种感官来向大家介绍自己

我的姓名：______________________________。

我是一名______________________________。（如旅行者）

我看起来像______________________________。（如一朵白云）

我闻起来像______________________________。（如玫瑰花香）

我摸起来像______________________________。（如一个气泡）

我听起来像______________________________。（如风铃碰撞的声音）

我品尝起来像______________________________。（如巧克力冰激凌）

我最近的冒险经历：____。

（2）相关讨论

1）同学们如何评价用右脑思维这种介绍自己的方式？是否有在众人面前暴露自己、不自在的感觉？

2）威廉·詹姆士曾经说过："人类能通过改变他们思维的态度来改变他们的生活。"

同学们对这句名言有何见解？

____。

（例如：①人可以改变；②人们的态度影响自身的行为方式；③一个人认为自己是什么样的人，就会不自觉地去做什么样的人……）

3）你认为在本活动中可能会遇到的最糟糕的事情是什么？

____。

（3）总结与反思

____

____。

【解读】

本活动的目的在于让学生用创新的方式相互介绍自己，突破以往自我介绍的思维定式，在介绍自己的过程中锻炼创新能力。

（资料来源：刘玉红，2017. 大学生创新与创业基础[M]. 北京：现代教育出版社. 略有改动。）

实训二　创新、创造意识训练

（1）规则和程序

训练目的：增强大学生创新、创造意识。

训练指导：以下训练题，侧重在日常生活中坚持实践和锻炼。

训练内容：

1）日行“一创”。要求自己能够在未来的每一天都提出至少一个问题，或者是有一个新的发现，或者是解决一个问题等。

2）随身携带记录本。要求自己随身携带一个记录本，方便记录自己所提出的问题、新的发现和对问题的解决方法等。

3）经常发问。遇到问题要主动发问，向专家、内行请教，但是不能完全听信于专家或是权威，要结合自己的思想寻求答案。

4）确定属于自己的“创新节”。可以设立一周一天或者一个月一两天，在“创新节”当天整合自己在这之前所提出的问题和解决方案。

5）建立自己的创新课题。每个学生都可以提出自己的创新课题，锻炼自己发现问题和解决问题的能力。

（2）相关讨论

1）你是否每天都能有新的发现？你是否依然保持对所有事情的好奇，渴望自己的想法得到验证？

2）当你遇到问题时，首先想到的是如何去做？是否还有更好的解决方法？

【解读】

本活动的意义在于让学生在日常生活中培养自己的创新、创造意识，通过上述5 个训练内容，记录自己发现的新问题、产生的新想法，不断提高自己的创新、创造能力。

（资料来源：张志宏，崔爱惠，刘轶群，2017. 大学生创新与创业训练教程[M]. 北京：现代教育出版社. 略有改动。）

3.2 互联网思维与批判性思维

场景引入

3.2.1 互联网思维

互联网思维是新技术背景下的商业新思维，是在“互联网+”、大数据、云计算等信息技术不断发展的背景下，对市场、用户、产品、企业价值链乃至整个商业生态进行重新审视的思维方式。

海尔集团董事局主席兼首席执行官张瑞敏认为，互联网思维是零距离和网络化的思维。北京奇虎科技有限公司（奇虎 360）创始人周鸿祎认为，互联网思维就是用户至上，体验为王，免费的商业模式，颠覆式创新。百度公司前总裁张亚勤认为，互联网思维分为以下 3 个层级。①层级一，数字化。互联网是工具，可以提高效率、降低成本。②层级二，互联网化。利用互联网改变运营流程，如电子商务、网络营销。③层级三，互联网思维。利用互联网改造传统行业，如商业模式和价值观创新。

3.2.2 批判性思维

批判性思维是指人们在思维过程中，通过反思、分析问题来做出决定并解决问题的思维方式。这种思维方式被定义成一种“理性的评判”，是一种基于逻辑和事实证据的评价方式。

批判性思维包括以下特征：①深入、仔细地观察；②建立事物的联系；③区分不同点；④提出探索性的问题；⑤分析和解释信息；⑥评估证据；⑦运用和转换知识；⑧独立思考和集体思考。批判性思维通常与分析、问题的解决、逻辑、理性、评判、复合思维等要素相结合。

对于批判性思维者来说，要具有以下品质和思维习惯：①开放的思想、诚实、灵活、适应性强；②耐心、坚持和毅力；③理性、勤奋和专注等。此外，一个批判性思维者也愿意去改变自己的想法，重新考虑一些意见。

实训

实训一　奇怪的“等式”

奇怪的“等式”：

$$4-1=5$$

$$9+4=1$$

在什么情况下，这两个等式是正确的？请找出答案。

【解读】

1）当你迫使自己脱离数学范围，而调动想象力的时候，答案就出来了。这个题的答案是：四角形剪去一个小角（三角形），就变成了五角形。

2）第二题的解题思路和第一题类似，发挥自己的想象力，会发现时间是 12 进制的。9 点钟加上 4 个小时，不就是 1 点钟吗？

实训二　纸飞机竞赛

（1）活动前准备

以个人或小组（不超过 4 人）为单位，设计并制造一架纸飞机，这架纸飞机需要能够承载 1 元硬币，在空中飞行尽可能长的时间。注意事项如下。

1）你可以单独工作或组成最多 4 人的小组，与小组相关的唯一要求是你们的纸飞机设计必须使用与小组人员同等数量的标准尺寸纸张（例如，一个 4 人小组必须在其设计中创造使用 4 张 A4 纸的飞机）。

2）纸飞机必须设计用来运输 1 元的硬币，你可以选择使用硬币的数量和面值，唯一的限制是它们的总价值必须正好是 1 元。

3）你或小组人员需要准备 2 分钟的演讲，来说服同学们相信你的设计是最佳的。

（2）活动过程

1）学生阐述各自的创意，时间严格限制在 2 分钟内。

2）为你认为在每个指标（距离或时间）上表现最佳的设计投票。只允许在每个指标上投票给一个小组，但不要求在每个指标上都投票给同一个小组，注意不能投票给自己的设计。

3）纸飞机测试。每个小组派一个人投掷纸飞机，记录下飞行的时间和距离。

4）请飞行表现不同的小组分享他们设计的流程和心得。注意他们是如何把局限转化成机会、如何从失败中得到教训的。

① 你如何看待硬币的问题？将其视为负面局限吗？为什么？将其视为一个机会并纳入设计中，以改进飞机性能吗？

② 你如何努力使自己的设计差异化？

③ 你是否试图在时间或距离上优化纸飞机或者使二者兼得？

④ 你能否制作原型并进行设计测试？

5）努力将你的设计介绍给你的同学，并让他们认为你的设计是最佳的。你感觉如何？最大的挑战是什么？你如何看待投票或不投票给你的设计的人？你会为了改进你的演讲而做什么？

【解读】

本活动是将创意与实践相结合，让学生在训练中既能将自己的创意付诸实践，又能在投票及分享设计的流程环节中锻炼批判性思维。

（资料来源：邹芳，赵辉，2018. 创新创业实务教程[M]. 北京：现代教育出版社. 略有改动。）

3.3 方向性思维与形象思维

场景引入

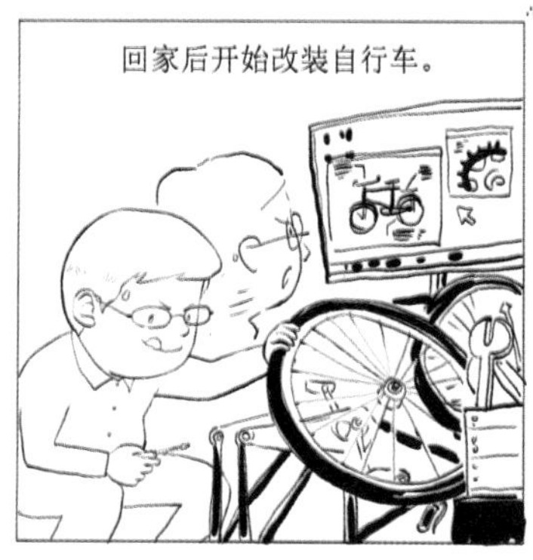

3.3.1 方向性思维

1. 发散思维与收敛思维

（1）发散思维

发散思维是指在思考问题的时候，打破常规思维的束缚，从多个方向去思考和探索，寻找解决问题的可能性，是从一个点发散到多个点的思维方式。人们考虑问题，通常是由提出问题的起点到解决问题的终点，喜欢按一条思路进行，走不通就止步不前，但如果换个角度去考虑就很容易解决问题。思维发散的范围越广，产生的设想越多，解决问题的可能性就越大。创新者可结合新方法、新技术、新规则、新产品、新现象，考虑是否有其他更多的功能，从而创造新的事物。

常见的发散思维的方法有材料发散法和功能发散法。材料发散法是指就一种特定的材料而言，设想它的多种用途。例如，葡萄不仅可以卖新鲜的，还可以制成葡萄干或者酿成葡萄酒等。功能发散法是指从一件产品的主要功能出发，设想该产品的其他多种用途的可能性。例如，有些农产品不仅可以用来饱腹，还具有养生、美容等功效。

（2）收敛思维

收敛思维，又称聚合思维或集中思维，是指从已知条件的既定目标中寻求唯一答案的一种思维方式。收敛思维的基本特征如下：①收敛思维是把许多发散思维的结果由四面八方集合起来，是集中指向的，目标单一，就像瞄准靶心一样，具有封闭性；②收敛思维的进行方式与发散思维相反，是一环扣一环的，具有较强的连续性；③发散思维所产生的众多设想或方案，一般来说是不成熟的，也是不切实际的，而通过收敛思维选择出来的设想或方案，是按照实用的标准来决定的，因而是切实可行的。

2. 正向思维与逆向思维

（1）正向思维

正向思维是人们在创造性思维活动中，沿袭某些常规去分析问题，按事物发展的进程进行思考、推测，是一种从已知到未知，通过已知来揭示事物本质的思维方法。这种方法一般只限于对一种事物的思考。坚持正向思维，就应充分估计自己现有的工作、生活条件及自身所具备的能力，了解事物发展的内在逻辑、环境条件、性能等。这既是自己获得预见能力和保证预测正确的条件，也是正向思维的基本要求。

（2）逆向思维

逆向思维是对大多数人所认可的思维方式的反向思考。任何事物都有多种属性，我们在对一件事物进行观察分析的时候，很容易只看到事物的单方面属性而忽略了其他方面的属性，而逆向思维可以在观察分析事物的时候克服这个障碍，从事物的多方面属性考虑，会有意想不到的结果。

逆向思维的形式有很多种，主要包括原理逆向、结构逆向和属性逆向等。

1）原理逆向。它是指从事物本身原理的反方向进行思考。例如，伽利略发现水的体积会因为水的温度的变化而变化；反之，水的温度也会因为水的体积的变化而变化。根据这一发现，伽利略后来发明了温度计。

2）结构逆向。它是指从事物本身结构的反方向进行思考，将事物结构进行颠倒重置。例如，有位家庭主妇在煎牛排的时候，牛排总是容易粘在锅底，经常出现煎煳的情况。她想到在锅盖上装电热丝，不在锅底加热而在锅盖上面加热，牛排就不会被煎煳了。

3）属性逆向。它是指从事物本身属性的反方向进行思考。例如，布鲁尔发明了利用中空材料代替固体实心材料制造家具的想法，从而成为新建筑师和产品设计师的杰出代表。

3. **横向思维与纵向思维**

（1）横向思维

横向思维是指人们的思维方式可以有横向或者广泛发展的特征。逻辑思维对问题的思考一般是垂直的，而横向思维可以从问题的多个角度切入，甚至可以从问题的终点向起点思考。具有横向思维的人，他们的思维不狭窄，且善于举一反三。

横向思维就是将思维进行扩展，打破传统思维逻辑的束缚，其主要特点是不受任何限制，打破逻辑思维的局限，创造出更多的新思想和新思维。

（2）纵向思维

纵向思维是指在一种结构范围内，按照有顺序的、可预测的、程式化的方向进行的思维方式。这是一种符合事物发展方向和人类认识习惯的思维方式，遵循由低到高、由浅到深、由始到终等逻辑，因而清晰明了，合乎逻辑。人们在日常生活和学习中大多采用这种思维方式。它与横向思维相对应。

3.3.2 形象思维

1. **形象思维的概念及其特征**

形象思维是指人们在认识世界的过程中，对事物的表象进行选择分析，从而以视觉形象来解决问题的思维方式。

形象思维具有以下特征。

（1）形象性

形象性是形象思维的基本特征。形象性反映的对象是事物的形象，思维方式是意向、直感、想象等形象性的观念。思维的形象性能够使事物的形象展现得更为具体和生动。

（2）非逻辑性

与逻辑思维、抽象思维不同，形象思维既可以将多种信息进行整合，形成一个全新的形象，也可以从一个形象跳转到另一个形象。因此，形象思维对问题的处理不像逻辑思维那样逻辑衔接，更多的是采用平行处理的方式，可以使思维主体迅速地从整体上把握问题。

（3）粗略性

形象思维既可以笼统地判断和反映问题，也可以定性或半定量地分析问题。抽象思维大多数情况下给出的是精确的数量关系。因此，在解决实际问题的过程中，我们可以将形象思维与抽象思维结合使用。

（4）想象性

想象是思维主体利用现有图像形成新形象的过程。形象思维多是从现有图像出发，对现有图像做进一步的处理和加工，从而获得新图像的输出。想象性使形象思维具有创造性的优点。这说明有创造力的人往往具有很强的想象力。

2. 形象思维的分类

（1）想象思维

想象思维是创造性思维的主要表现形式之一。想象是人在头脑中塑造过去未曾感触过的事物的形象，或者将来有可能实现的事物的形象的思维方式。从心理学的角度来看，想象是人脑在过去感知的基础上，对所感知的形象进行加工、排列、组合、改造，并创建新形象的心理过程。想象思维的特征包括以下 3 点。①想象是通过对已有表象的加工而创造新形象的过程，它加工的对象是形象信息，而不是语言或符号。例如，有了想象，人们看小说时仿佛能听到或看到书中人物的音容笑貌；看图纸时仿佛能看到立体的物体等。②想象思维是以形象进行的，因而具有概括性，它是借助具有一定程度概括性的意向的联结与组合，以意向的形式加以表达的。例如，可以把地球想象成鸡蛋，蛋壳就是地壳，蛋白就是地幔，蛋黄就是地核，这种想象就非常概括。③想象是以组织起来的形象系统对客观现实的超前反映，从而创造出新的事物、看法、技术等。

（2）联想思维

联想思维是指由于某种诱因使思路产生由此及彼的连接，是连接先前未连接的想法的思维活动，或者是元素之间绘制关联和模式的思维活动。联想思维的基本特征包括以下 3 点：①联想思维是由此及彼、连绵不断地进行的，既可以是直接的联想，也可以是迂回曲折地形成闪电般的联想链；②联想思维是形象思维的具体化，其基本的思维操作单元是表象；③联想思维可以很快地把联想到的思维结果呈现在联想者眼前，而不顾及细节，是一种整体把握的思维活动。联想思维方式也就是通常所说的由此及彼、举一反三、触类旁通。

（3）直觉思维

美国认知心理学先驱杰罗姆·布鲁纳认为，直觉思维不依赖严格的证明，它多借助于形象的或视觉的手段，是以对整个问题情境的总体把握为前提，以直接的、跃进的方式获得问题答案的思维过程。直觉思维的特征包括以下 3 点：①直觉思维是一种直接领悟事物的本质或规律，而不受固定逻辑规则所束缚的思维方式；②直觉思维的进行没有依据某种明确的逻辑规则，它不受形式逻辑的约束，通常提出一些反逻辑的创造性思想，结论的得来也没有经过严密的推理，带有一定程度的猜测性、预见性；③对于一个问题，直觉思维者根据自己的知识经验，立即做出判断，得出结论。这个思维过程极短，稍纵即逝，所获得的结论也是突如其来和出乎意料的，因而直觉思维具有迅速性的特征。

（4）灵感思维

灵感思维是指在解决问题的思考过程中经过认真准备和长期孕育、受到认知事件的启发并产生顿悟、使问题忽然得到解决的过程。灵感的闪现来自突然的顿悟，也就是通常所说的“灵机一动”。灵感思维的特征包括以下 3 点。①在时间上，不期而至，突如其来；在效果上，突然顿悟，意想不到。②灵感持续的时间很短，往往是以“一闪念”的形式出现的，转瞬即逝，它所产生的新线索、新结果或新结论是模糊不清的。③在灵感思维活动中，总伴有思维意向运动的存在，没有意向的暗示与启迪，就没有思维的顿悟。

实训

实训一　发散思维训练

（1）训练目标

提高大学生运用发散思维解决问题的能力。

（2）训练要求

1）把握好发散思维和想象思维的关系。发散思维和想象思维是密不可分的，在向四面八方任意展开想象时，也就是在进行发散思维。所以，在进行发散思维训练时，应尽量摆脱逻辑思维的束缚，大胆想象，而不必担心其结果是否合理、是否具有实用价值。

2）要注意流畅性、灵活性和独特性的要求。在训练中要尽量追求独特性，如果一开始产生不了独特性的思维也不要着急，从流畅性到灵活性再到独特性，循序渐进，就可以进入较高水平的发散思维状态。

3）注意跳出逻辑思维的圈子。

4）在课堂上可以由教师统一掌握训练进度和时间，每道题以 2～3 分钟为宜。在课后训练时，时间可以长一些。

（3）训练内容

根据以下雨伞存在的问题及解决方案的示范，训练发散思维。

1）雨伞存在的问题有：乘车时，雨伞会弄湿地面和乘客的衣服；伞骨容易折断；有的雨伞只防雨不防晒；样式单调，花色太少；等等。

2）解决方案包括：在伞顶加装集水器，使雨伞倒过来后雨水不会弄湿衣服和地面；对伞骨的材质进行改进；对伞布进行特殊处理，使雨伞既防雨又防晒；设计透明伞、照明伞、椭圆形的情侣伞等品种。

【解读】

本活动的目的是训练学生用发散思维解决问题，以雨伞存在的问题为主线，让学生用发散思维的方式找到解决问题的办法。

（资料来源：佚名，2014. 发散思维训练题[EB/OL]. http://www.doc88.com/p-8166872297336.html. 节选，有改动。）

实训二 灵感思维训练

（1）训练目标

提高学生运用灵感思维解决问题的能力。

（2）训练要求

在训练前，应将灵感思维的原理再复习一遍；各训练题应有时间限制，由指导教师具体掌握，在课堂中即兴完成；在训练中，要注意锻炼提高，坚持“推迟评判”的原则，敢想敢说；在训练中，要有及时抓住灵感的精神准备和及时记录灵感的物质准备。

（3）训练内容

1）假如你是一位聋哑人，走过西瓜地时看见卖西瓜的老人住的房子马上要塌了，怎样才能使老人主动走出危房？

2）接受大家随机提出的一些问题，即兴联系成新事物。

3）写诗或科幻作文（100～200 字）。

4）给别人讲自己现编的故事。

【解读】

本活动需要运用灵感思维来完成。灵感思维的关键在于产生灵感，通过写科幻作文等训练能够激发学生的灵感思维。

思考与检测

一、单项选择题

1．下列选项中，不属于创新原则的是（　　）。

A．创新要遵循科学技术的基本原理

B．创新要避免烦琐复杂的机理

C．创新要不惜一切代价

D．创新要具有新颖性、独特性

2．引入一项新技术，从而产生了一个新的市场基础的创新，这属于创新类型中的（　　）。

A．根本型创新　B．适度创新　C．渐进型创新　D．颠覆型创新

3．常见的发散思维的方法有（　　）。

A．材料发散和功能发散　B．结构发散和原理发散

C．材料发散和结构发散　D．功能发散和用途发散

4．下列选项中，不属于形象思维特征的是（　　）。

A．形象性　B．逻辑性　C．粗略性　D．想象性

5．黄瓜不仅可以用来饱腹，还可以用来敷脸，这属于发散思维中的（　　）。

A．材料发散　B．功能发散　C．结构发散　D．用途发散

二、填空题

1．创新的类型有________、________、________。

2．克服思维定式的方法有________、________、________、________。

3．形象思维的特性有________、________、________、________。

4．方向性思维包括________、________、________。

5．形象思维包括________、________、________、________。

三、思考题

1．什么是互联网思维？

2．发散思维与收敛思维的区别和联系各是什么？

课外实践

发现天生创造力

每个人都有创造力。选择一种艺术形式（戏剧、绘画、诗歌、音乐等），通过各种途径（如网上课程）去学习这种艺术。自身的学习需要持续1个月，每周不少于5小时。学习目标是开发出一个有创造性的艺术作品。

5～8 人组成一个团队。一个月后，每个团队要使用选择的艺术形式进行一场展示（表演）。

最后，每人提交一份不少于 3000 字的报告来回答以下问题。

1）在开始创造之前，你有哪些与这种艺术形式创造相关的假设？你现在对这种艺术性的创造感觉如何？

2）描述在创造过程中有挑战性的某个方面或某一个时刻。

3）你认为这种艺术体验与创新思维和创业行动之间的关联性是怎样的？

通过本活动，让学生发现自己的天生创造力。

本章要点

• “创新”有三层含义：一是舍弃旧的、创造新的；二是在现有的基础上改进更新；三是创造性、新的想法。

• 根据创新性的程度大小，创新可以分为根本型创新、适度创新和渐进型创新。

• 思维是人类创新的源泉，而思维定式对人类创新活动会起到一定的干扰作用，所以，我们必须要先打破思维定式，才能有创新的思维。

• 形象思维可以笼统地判断和反映问题，可以定性或半定量地分析问题，而抽象思维大多数情况下是精确的数量关系。因此，在实际解决问题的过程中，我们可以将形象思维与抽象思维结合使用。

第4章 创 新 方 法

本章导读

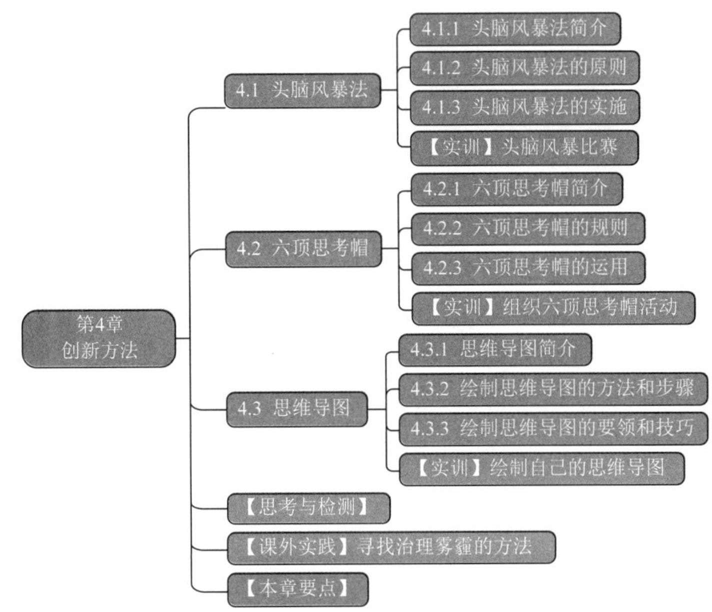

重点难点

使用头脑风暴法、六顶思考帽和思维导图解决实际问题。

目标与要求

◎ 了解什么是头脑风暴法、六顶思考帽和思维导图。

◎ 掌握头脑风暴法、六顶思考帽和思维导图的使用方法。

◎ 能够利用头脑风暴法、六顶思考帽和思维导图解决实际问题。

关键知识点

头脑风暴法、六顶思考帽和思维导图的使用方法。

4.1 头脑风暴法

场景引入

4.1.1 头脑风暴法简介

头脑风暴法，又称为智力激励法、BS法、自由思考法或脑力激荡法，是由“创造学和创造工程之父”亚历克斯·奥斯本提出的一种激发创新思维、创造性解决问题的方法。头脑风暴法本质上是一种通过集思广益快速大量产生创意、灵感与构想，提升问题解决质量的工作方法，也是一种培养发散性创新思维、掌握创新技法与提升创造力的有效训练方法。

头脑风暴法具有迅速激发灵感并产生大量观点或可选方案、打破惯性思维、发挥集体创造力、提高问题解决的有效性与创造性、提升策划方案质量或决策质量等方面的优势和作用。因此，头脑风暴法被广泛应用于创意方案设计、问题解决、管理决策、技术创新、产品设计、教育教学等领域。头脑风暴法之所以具有创造力，是因为参与头脑风暴的团体可以相互影响、相互启发，在自由宽松、竞相表现自我的氛围中产生联想的良性连锁反应。

头脑风暴法在应用过程中，不断得到实践并发展完善，同时衍生出教学式头脑风暴法、默写式头脑风暴法和卡片式智力激励法等操作模式与方法。教学式头脑风暴法，又称为戈登法或隐含法，是由美国麻省理工学院教授威廉·戈登提出的，其过程完全由主持人主导，参与者不直接讨论问题本身，而只在主持人的引导下讨论问题的某一局部或某一侧面或与问题相似的另一问题或把问题抽象后的主题，主持人从参与者给出的信息中提炼出解决问题的方案。教学式头脑风暴法对主持人过程引导的经验要求甚高，其效果完全依赖主持人对该方法及讨论问题的认知水平。默写式头脑风暴法，又称为“635”法，其要求 6 人围成一圈参与，每人在 5 分钟内在各自的卡片上写出 3 个想法，然后传递给相邻的人，接到卡片者同样在 5 分钟内再续写 3 个与已写出的想法不同的设想，以此方法依次传递 6 次，半小时后即可产生 108 种不同的想法。最后，参与者一起讨论、分析归纳出可行的较优方案。默写式头脑风暴法不仅具有避免参与者由于心理压力或不善表达等原因造成参与度不高的优点，也具有缺乏集体相互启发、相互影响和相互激励的缺点。卡片式智力激励法（简称“卡片法”），是参与者将事先写在卡片上的个人创想分享解说给其他人并接受质询，在此过程中参与者如果有新设想可以随时记录在备用卡片上，依此方法逐一分享、质询并将类似设想归类，最后集体讨论取舍并做出决策。

另外，头脑风暴法按对提出的设想是否进行质疑分析，可分为直接头脑风暴法（通常简称为“头脑风暴法”）和质疑头脑风暴法（又称为“反头脑风暴法”）；按是否规定每个参与者轮流参与的实施程式，可分为非结构化头脑风暴法和结构化头脑风暴法。

4.1.2 头脑风暴法的原则

1. 打破常规，自由畅想

要达到头脑风暴的目的与效果，通过头脑风暴产生出尽可能多的、高质量的设想最为关键。在组织头脑风暴活动前，宜鼓励参与者打开思路，不受任何已知条件、熟知的常识和已知真理、规律的束缚，从多个角度或相反的角度来考虑问题；鼓励参与者以开放和独立的思想畅所欲言，敢于提出看似荒诞甚至异想天开的想法。为打开思路，组织者可以做一些启发感性思维和灵感思维、开阔视野、打开思路的准备活动。需要注意的是，虽然鼓励天马行空的自由畅想，但切记要聚焦讨论的主题，不能偏离主题。

2. 鼓励创新，延迟评判

头脑风暴的主持人或组织者，要宣布对参与者在头脑风暴过程中提出的任何设想不进行理性分析与评判的规则，分析评判会在头脑风暴后进行。对参与者提出的想法进行过早的判断和评价是非常不利的，这样会影响参与者的参与热情，从而产生思维限制的负面效应。一方面，创新性的想法往往源于“不靠谱”的设想，看似不符合逻辑或不可行的观点，在特定情况下也许是可行的；另一方面，头脑风暴需要靠一个想法来激发参与者产生更多的想法，过早地评判会消灭由此可能带来的更多、更好的想法。一般来说，延迟评判可以为头脑风暴多产生 90%的想法。因此，头脑风暴过程要鼓励创新，禁止对他人的设想进行评头论足，避免有摇头、皱眉、冷漠、叹气甚至直接质疑或否定的表现。

3. 多多益善，以量求质

头脑风暴的效果主要有赖于参与者在活动过程中产生新设想的数量。高质量设想的获得是建立在足够数量基础上的。通常情况下，新设想的数量越多，获得的创造性设想就越多。也就是说，头脑风暴的首要目标是尽可能多地产生新设想，多多益善。至于设想的质量问题，可以在头脑风暴后的综合归纳与分析阶段再来关注。头脑风暴的组织者要遵循这一原则，在活动的前期做好准备工作，活动过程中尽量建立宽松氛围和激励机制，以取得尽可能多的新设想。在头脑风暴活动后，如果没有找到理想的、高质量的解决方案，有可能是新设想的数量不够，还需要再次组织头脑风暴活动，直到问题得到圆满解决。

4. 借题发挥，善用联想

头脑风暴活动之所以能产生多于个人设想数量的简单加和，主要是因为头脑风暴是建立在团队结构化思维互补基础上的，通过他人的想法和思路可有效激发和启迪个人想法的产生。头脑风暴产生新想法的来源，除了参与者个人独立思考提出的以外，还有借助他人想法或思路而产生的。因此，在头脑风暴过程中，组织者或主持人应告知并鼓励参与者多关注、多借鉴他人的想法和思路，充分运用联想思维，在他人思路观点上进行补充、拓展、叠加、综合、发挥等，以贡献更多的想法。有时，参与者巧妙利用他人设想，会产生思维火花与灵感，从而产生更多、更具创造性的想法，甚至将头脑风暴引到出人意料的方向。

5. 质疑评价，平行思考

头脑风暴的最终目的是产生新的、可行的创意或解决方案。运用头脑风暴法解决问题时，不能只停留在产生很多想法的直接头脑风暴阶段，还必须进行头脑风暴的质疑和评价步骤。头脑风暴产生许多新设想后，通过对提出的各个设想逐一提出质疑（如限制性因素），进行系统、全面的分析评论，得出肯定或否定的意见并形成意见一览表。在意见一览表的基础上，对肯定的设想进行深入分析、综合，形成最终的较完善的解决方案。因此，在此步骤中，为提高分析的深入性和全面性，人们经常采用平行思考法。平行思考法最常用的工具是六顶思考帽，该内容将在 4.2 节中做详细介绍。

4.1.3 头脑风暴法的实施

1. 头脑风暴前

在头脑风暴前，要做好以下几点：①明确头脑风暴的主题与目标；②确定头脑风暴的方式；③选择合适的参与者；④充分准备相关资料；⑤确定合适的场地。

（1）明确头脑风暴的主题与目标

首先，明确头脑风暴的中心主题是什么，通过头脑风暴要解决什么问题，要实现的目标和结果有哪些。其次，通知参与者或者当面进行沟通，准确告知头脑风暴的主题和目标，有利于参与者做好相应准备。

（2）确定头脑风暴的方式

基于要解决的问题和达成的目标，充分考虑参与者的人员结构及特点，分析影响头脑风暴氛围的因素，组织者要选择最恰当的头脑风暴方式。例如，如果有领导或权威专家参与，或者参与者的性格多偏内向、不善表达，则卡片式智力激励法应是较优选择。

（3）选择合适的参与者

首先，头脑风暴活动的参与者以 6～8 人为宜。其次，在角色结构上，一般要有主持人、专家、行外人士、记录员等参与者。在参与者的专业或能力要求方面，所有参与者都应具有较高的联想思维能力，同时最好有对头脑风暴主题有深刻理解者（设想产生与分析）、方法论者（主持）和逻辑思维者（演绎）等特长的人员。

（4）充分准备相关资料

头脑风暴组织者要注意收集和整理与头脑风暴主题相关的信息和资料，并提前把这些信息和资料发送给参与者。相关的信息和资料越多越好，方便参与者理解头脑风暴主题并提前做好准备工作。同时，要注意给参与者充足的时间理解、把握相关信息，以免在头脑风暴时偏离主题或脱离活动目标。另外，还应准备咖啡（茶）、零食、纸、笔（彩笔）、计算机、投影仪等相关物品。

（5）确定合适的场地

选择头脑风暴活动的场地也很重要，活动场地会影响参与者的心态和思维活跃度，进而影响头脑风暴活动的组织效率与结果质量。一般来说，宜选择相对封闭、远离干扰、宽敞明亮，并备有白板、纸张、咖啡、网络等条件的场地。

2. 头脑风暴中

（1）宣布规则

头脑风暴活动开始时，主持人（或组织者）应将本次活动采用的方式及规则、流程、时长、分工和注意事项等向参与者介绍清楚，便于活动顺利且高效地开展。特别是要强调头脑风暴活动的基本原则，如鼓励借题发挥、重数量轻质量、延迟评判等，提醒并激励参与者积极参与，以便营造良好的活动氛围。

（2）暖场热身

为使参与者尽快进入状态并打开思路，适当开展短时间的破冰、创新思维训练小游戏等暖场活动也是很有必要的。破冰可以采用“相识有创造力的我”等类似的小游戏，这样既可以增进相互了解，又可以激发创造性思维，营造自由、默契、轻松的氛围，使参与者尽快进入无拘无束、自由想象、相互启发的状态。为打开思路，也可以采用创新思维训练的小游戏（如故事接龙），在轻松有趣的氛围中活跃大家的思维。

（3）调动控制

在头脑风暴活动开始阶段，为引导参与者积极发言，组织者可以事先安排好第一个发言者，也可以自己带头抛砖引玉，使活动尽快打开局面并进入头脑风暴状态。如果头脑风暴开局不理想，主持人或组织者也可以采取询问、指定发言（较活跃的人）及自己先抛出观点和想法等方式，激发或激励参与者踊跃发言。

当头脑风暴活动进入良性状态后，组织者只需要根据现场情况，依据头脑风暴的原则来进行适当的提醒、梳理、控制和总结即可，引导平等参与，避免形成“独角戏”局面，保证讨论不偏离主题，层层推进。需要指出的是，在头脑风暴活动过程中不要担心冲突，积极的冲突是必要的（对事不对人），有时还可以适当、主动地制造些冲突，以激发参与者进入积极的头脑风暴状态。如果出现类似人身攻击或动作幅度过大而引起负面效应时，组织者应立即采取引导、提醒或停止讨论等措施，以控制局面。当头脑风暴活动过程中出现冷场情况时，组织者要重新表述主题并反思是否需要调整问题及讨论的思路，也可以通过中场休息等方式调整节奏，打破停滞状态。另外，还需要注意控制时间与节奏，避免因无休止的细节讨论或“原地打转”而浪费时间。

（4）做好记录

每个人的想法都很珍贵，参与者中的“记录员”角色一方面要做到记录不遗漏，另一方面要尽量运用图表、用不同颜色标识关键词等方法，做到层次分明、逻辑清晰、表达直观，以方便参与者理解并引发新的想法。另外，在头脑风暴活动过程中，如果受到他人启发，要尽量记录下来，以免错过突发灵感。

3. 头脑风暴后

（1）梳理筛选

通过头脑风暴活动产生诸多新设想后，首先，要对产生的诸多新设想进行梳理，按一定的标准进行分类。对于同类别的新设想，通过核实，进一步表达准确；对于重复的新设想，进行删减。其次，要对各类别的新设想进行初步筛选，从而形成较优创意设想清单。

（2）分析综合

首先，按照较优创意设想清单逐一进行重新表述，运用质疑头脑风暴法或平行思考法等方式深入分析其影响因素及可行性，然后做出取舍。其次，将深入讨论分析后的创意设想尝试进行不同逻辑、不同方式的排序与组合，综合大家的意见整理成若干方案，再根据问题解决或头脑风暴目标实现程度的评价标准（如创新性、可执行性等）进行方案的优先排序。最后，经过反复比较和筛选，确定1～3个最佳方案。

（3）形成结果

头脑风暴活动后形成的最佳方案，还不是最终的结果。头脑风暴组织者一般会将方案交由专家（或领导）评审指导，整合专家意见后形成最终结果。有时，对方案的最终评审也可采用头脑风暴法再次举行专题决策会议，做出对方案的评价与处理。当形成最终结果后，组织者要将结果分享给每位参与者并致谢。

实训

头脑风暴比赛

（1）训练目标

让学生掌握组织和参与头脑风暴活动的能力，增强运用头脑风暴法解决实际问题的能力。

（2）训练要求

1）此为集体训练项目，训练要严格遵守本方法中的延迟评判原则，不应有任何阻碍思维的消极行为出现，让每个人的思维自由驰骋。

2）按照此方法规定的人数（一般以6～8人为一小组）进行，课堂教学也可以班为单位进行。全班也可分为几个小组，各组同时运用头脑风暴法解决同一个问题。

3）为锻炼提出问题的能力，在训练过程中，课题应结合学生实际，由学生先提出尽可能多的课题，经筛选后使用。指导教师应有一定数量的备用课题。

4）得出解题结果后，要对整个训练过程进行总结。总结的内容包括解题结果、训练者积极性、有无违反技法规则、需要改进之处等。

5）在实际生活或工作中，凡需要集体讨论拿出解决问题方案的，都应考虑采用头脑风暴法，以便在实践中提高创新能力。

（3）训练内容

在下列课题中任选一项进行头脑风暴训练。

1）设计一个科技中介服务机构。

2）本地区应该怎样进一步搞好投资环境建设？

3）如何创业，完成原始积累？

4）如何提高食堂服务水平和饭菜质量？

5）如何向人们宣传环保知识？

6）拓宽筹资渠道的方法有哪些？

7）如何提高某产品的市场占有率？

8）如何使一种产品投入少而影响大？

【解读】

在开始头脑风暴活动前，学生需要确定活动中遵循的原则、参加活动的人数及活动的主题。通过参与头脑风暴比赛，提高学生组织和参与头脑风暴活动的能力。

4.2 六顶思考帽

场景引入

4.2.1 六顶思考帽简介

六顶思考帽是一套运用水平思维进行创造性思维的方法和工具，是水平思维的具体思维模型与操作方式。图 4-1 是六顶思考帽的思维方式及特点的思维导图。

在运用六顶思考帽进行思考和分析问题时，使用者在一定时间内只能扮演一种角色、使用一种思维方式（只戴一顶帽子）来考虑问题，按此规则依次使用不同的思维方式对同一问题进行多方位的思考，以克服主观情绪的影响，破除思维障碍与混乱状态，避免片面观点和自负心理，建立集中、有序、具体、积极而全面的思维模式，从而找到创新、可行、更优的解决方案或创意。对团体使用者而言，六顶思考帽有助于避免参与者之间的思维与情感对抗，能够有序地引导并激发大家产生更多的想法和观点，使问题的分析与思考更全面、更清晰、更具有创造性，大大提高团队协作效率与思维质量。实践证明，六顶思考帽是一个简单可行的思维管理工具，无论对个人还是对团队都极其有效。六顶思考帽现已广泛应用于思维训练、问题解决、科学决策、沟通谈判、创意策划、创新创造等领域。

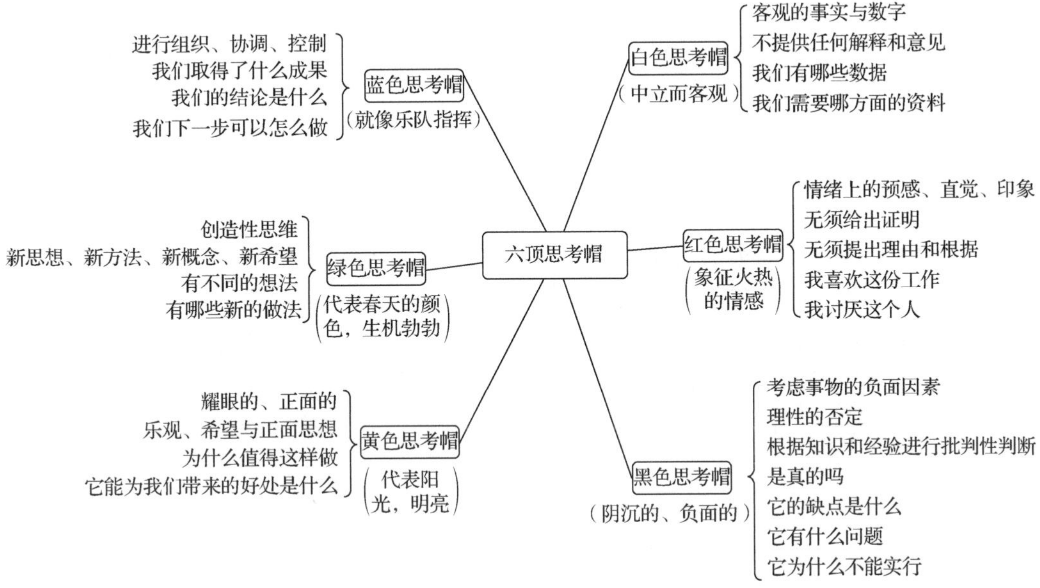

图 4-1　六顶思考帽的思维方式及特点的思维导图

4.2.2 六顶思考帽的规则

1. 白色思考帽

（1）白色思考帽的含义与特征

白色思考帽（简称“白帽”）是使用者以“中立而客观”的立场与角度进行思考，努力寻求并展示出以与问题（或观点）相关的客观信息、事实和数据为目标的思维方式。白帽思维的根本特征是中立而客观。白帽只关注客观现实的信息，使用时要尽力排除主观的直觉印象、未加验证的经验推论或判断的观点，只保留确凿的事实信息。白帽的使用者要像“法官”对待案件证据一样尊重事实，并持中立的立场。白帽的典型表达方式是用数据信息陈述事实，如“军事博物馆停车场里停了 287 辆车”“合同的有效期还余 35 天”等。

（2）白帽的运用原则与方法

1）紧紧围绕主题收集信息。在运用白帽时，要求使用者将注意力聚焦于主题，切忌脱离主题。使用者要紧紧围绕以下问题进行思考与呈现：目前有哪些事实与信息？还缺少哪些信息？如何获得这些信息？为避免被过多冗余信息干扰，通过以上问题，对相关信息进行相关性与准确性评估，可做到对所需信息进行集中筛选与优化梳理。

2）摒除主观，做到中立而客观。在运用白帽时，使用者要把自己想象成无情感的计算机或网络，通过“输入”主题关键词或问题，即可“输出”相关的数据或事实信息，而非基于个人知识经验做出推理或预测。列出这些事实与数据，不需要任何解释，只需要标明出处，这样才能消除主观影响，做到中立而客观。

信息根据真实性与客观性可分为两类：未经检验核实的事实信息和已经检验核实的事实信息。为做到中立而客观，使用者在收集、提出事实与数据时，一方面要树立信任事实与检验事实的思维方式，另一方面要时刻注意区分客观事实和主观推论。既可通过“这是谁的事实”“这是事实还是可能性”“这是事实还是看法”等问题进行澄清，也可通过明确弥合事实与推论两者差距所需的支持行为的方式，有效避免将推论当作事实。当使用者提供的信息不一致甚至产生冲突时，只需要将这些信息列举出来即可。如果信息确实冲突且非常重要，则可通过调研等方式进行验证，以确定准确而客观的信息。

3）有效运用信息收集与分析工具。为保证所提出的事实信息客观、真实，避免主观推理判断与认知偏差，做到对事实与数据的“镜像”反映，使用者可采取一些必要的收集、分析信息的工具做辅助，如调查问卷、网络搜索引擎、数据库等。通过有效运用这些工具，一方面可以保证信息对称、事半功倍；另一方面可以增强信息的客观性、真实性与准确性。

（3）白帽的作用与价值

白帽的白色代表中性或不偏不倚。白帽的思维本质是一种思考问题的规则和方向，它让使用者在思考时排除主观干扰并提高效率，提供信息时更为中立而客观。一方面，白帽的主要目的是集中精力寻求并展示关于主题的事实信息，即根本目标是获得纯粹的、客观的、确凿的事实与数据，为科学有效地决策提供准确依据；另一方面，白帽有助于定位思考的方向，通过澄清已有、缺乏、所需和遗漏的信息，提高思考的效率和效果。

（4）白帽的运用难点

1）两类事实的采用。事实可分为未被验证的事实（主观认定的事实）和被验证的事实两类，两者是有很大差别的。在运用白帽时，主要采信被验证的事实，但未被验证的事实也可以采信，只不过在利用这些事实做决策时需要检验，属于次级事实。白帽思维的首要法则是界定清楚两类事实的层次，不能任意提高一项事实的层次。未被验证的事实也是必要而有用的，它们往往提供了思考的框架，是实验性、假设性思考的基础。在采用未被验证的事实时，使用者的中立态度是关键。使用者要没有任何“私心偏见”，只是将这些次级事实如实地列举出来。在特别重要的时候，可以将次级事实当作验证事实来处理。

2）事实的真实性分析。事实的真实性是相对的。通常情况下，一项事实的真实性程度的表达有以下方式：总是为真；通常为真；一般为真；整体来说为真；大多情况为真；半数为真；经常为真；有时为真；偶尔为真；曾经为真；从不为真；不可能为真（矛盾）等。

一般来说，“总是”“通常”“一般”“整体来说”“大多情况”是需要采信的。白帽使用者要尽可能地了解事实本身及接近事实的信息。需要指出的是，白帽使用者要澄清以上各事实真实程度上的差别，基于事实信息的可使用性，特别是该差别有可能是问题关键的情况下，要尽可能清晰地界定其对思考与决策的影响，以决定是否采信。事实信息的真实性，要根据具体情况进行具体分析。

2. 红色思考帽

（1）红色思考帽的含义与特征

红色思考帽（简称“红帽”）是使用者从个人情绪、感觉和非理性的主观立场与角度出发，直接表达对问题或观点的主观感受、直觉、看法、预感等信息的思维方式。红帽与白帽的中立而客观、不带个人感情色彩恰恰相反，它是直接表达个人情绪与直觉判断。红帽思维的主要目的是发挥个体的情绪情感、经验直觉、个性特征，以及其他非理性、非逻辑性预测在看待问题与思考问题方面的特殊作用，以达到意料之外甚至创造奇迹的效果，可弥补传统思维刻意排除或回避个人因素干扰思考的不足。红帽的使用者需要从个人角度出发，以强烈的情感色彩给出结论或表达观点，而此时无须解释和证明，也不必给出原因、根源和回答“为什么”，不在意是否合乎逻辑。红帽的典型表达方式是用情绪化方式清晰地给出个人观点，如“我认为他是这个岗位的最佳人选”“我感觉这个方案不可行”“我喜欢这个创意”“我不喜欢甚至讨厌它”等。

（2）红帽的运用原则与方法

1）非理性思考，不必合乎逻辑。人是感情动物，红帽的思维方式是人运用情绪感觉进行非理性层面的一种思考，是完全没有分析与逻辑推理的过程。红色代表激情与感性，红帽的使用者不仅要以非理性的方式进行思考与表达，还要从“我现在的感觉是什么”“我的直觉判断是什么”“我的第一直觉反应是什么”等几个方面来进行思考，给出带有个人感情色彩的认识。在表达这些认识时，无须考虑是否理性、是否合乎逻辑。

2）直觉思考，不必论证或解释。红帽的思维方式是把个人的情绪、情感作为提升思维质量的积极因素，并将其作为一种思考角度和工具加以利用。在运用红帽时，使用者可以利用个人直觉进行思考。在思考与表达过程中，使用者不需要考虑观点是否正确、是否经得起论证，也无须证明和对观点进行解释说明。总之，使用者只需将自己的直觉或感受清晰地表达出来即可。

3）限定时间表达，合理决策运用。在运用红帽时，为了避免理性思维的干扰，使用者需要在短时间内（一般将时间限定在30秒以内）立即表达出感性判断或直觉预感。由于红帽的使用者给出的是情绪反应，感觉都是有价值的，而直觉未必都是正确的。虽然我们认可预感的价值，但不能凭此就做出最终决定。因此，运用红帽思维方式产生的感觉信息，仅可作为最终决策的参考，往往在做出决定之后使用，即用非理性的直觉思维来验证决策的合理性。也就是说，红帽是决策思考的组成部分，常用于决策思考的修正、补充与非逻辑检验等环节。需要注意的是，在决策思考时，要尽量避免过度使用红帽。

（3）红帽的作用与价值

1）提供情绪表达渠道。人的思考会受环境与个人情绪情感的影响。在思考时，如果不能表达个人情绪情感，它们依然客观存在，并且会影响思考，如愤怒、怀疑、憎恶、热爱等情感甚至会左右我们的思考。因此，认清情绪情感对思维的影响，有利于思考者将隐藏的情绪以婉转的形式表达出来。不管是纯粹的情绪，还是自我感觉或某种预感，红帽都为其提供了正式表达的渠道。这个渠道还可以起到情绪转换的作用，戴上红帽后就可以婉转地表达情绪情感，不会让人觉得受到攻击，可减少争辩甚至争吵，让参与思考者不用猜测，直截了当地了解其主观反应，创造出和谐的思考环境。同时，合理利用情绪情感表达，可以引导思维朝积极、全面的方向发展。

2）有效发挥情感的作用。一方面，人的情感是复杂的，如直觉、价值观、个性特质、美感、不易证明、表达的模糊感觉等，都是思考过程中的客观存在。在运用红帽思维方式时，需要发挥其作用与价值；另一方面，红帽思维方式有利于参与思考者之间的情感沟通，加深对自我和他人优缺点的认知，达到相互启发、认同甚至产生意想不到的积极作用。另外，从思维决策的角度来看，红帽思维方式有利于产生情感化、人性化的思维决策，可让思维决策更具情感价值。因为每个决策都有其价值基础，而人对价值的反应是情绪情感化的，所以任何思考后的优良决策都会掺杂并诉诸人的情感。

3）有效发挥直觉的作用。直觉有两种含义。①表示个体突然间产生的顿悟、洞察力或对某一事物的全新认知。这种直觉非常具有创造力，往往会导致新的创造、发明甚至重大发现等。②对某情境状况的即刻认识。这种直觉是建立在个体已有的知识经验基础上的模糊判断，可发展为预感（预感是直觉基础之上的假设）。直觉往往会让我们的思维更具有创新性和迅捷性。当然，直觉有时也会有错觉，会误导我们的思维，因此在运用红帽思维方式时，要注意避免和排除。

（4）红帽的运用难点

1）认可情绪和感觉在思考中的地位。传统观点认为，情感对思考过程是不利的，会干扰思考过程甚至产生思维混乱或主观偏见。但我们应该认识到，情感是大脑思考所必需的一部分，能使思考符合个人需要和特定场景，而非单纯的负面干扰。因为，人是社会化的情感动物，其思考行为大部分是社会学行为，而非单纯的自然科学行为。在很多情况下，人的非理性情感会对思考起到重要而积极的作用。我们要掌握并利用情感的合理性部分，以提高思维效率和质量。因此，认可情绪和感觉在思考中的地位，是有效运用红帽的前提。

2）合理利用红帽辅助思考。在运用红帽时，往往是在特定情境下，如在会议中收集对某项建议的各种看法时，或者在权衡复杂判断及微妙情感观点时，很适合让参与者以红帽的思维方式进行思考与表达。需要注意的是，在运用红帽时，思考者不能随意改变发表的直觉意见，因为人的情绪与感觉会随环境、时间、场景等的变化而变化。

运用红帽的目的是让人真实地表达个人感觉而不是下结论。因此，在运用红帽时，要注意某些场合不宜先使用红帽，如领导直接表达个人情绪倾向而给思考定调、设置障碍与局限等，以避免影响思考进程和结果。另外，还要注意避免过度使用红帽。

3. 黄色思考帽

（1）黄色思考帽的含义与特征

黄色思考帽（简称“黄帽”）是使用者从正向、积极的方面出发，尽力寻求、产生并论证问题或观点所包含的充满希望、积极乐观、有建设性与价值贡献观点的一种正面思维方式。黄帽思维的主要目的是引导使用者乐观专注地去正面思考并挖掘事物积极有利的方面，尽力寻求可为未来带来建设性的、可实现的利益或价值。黄帽使用者在积极乐观地思考时，需要由理想主义过渡到现实主义，即不能盲目乐观和简单预估，需要提供合乎逻辑的可行性理由与证据。黄帽思维具有前瞻性，探求各种可能的机会与价值，具有远见、希望与梦想的特征，同时还具有逻辑合理性，专注于如何操作、实现并取得效果。黄帽思维常采用的问题有“这会有或可能有什么利益（价值）？”“这有哪些积极有利的因素？”“存在哪些有价值或积极的方面？”“为什么可以做或尝试做这件事？”“这样会带来哪些积极正面的影响或结果？”等等。

（2）黄帽的运用原则与方法

黄色代表明亮的阳光。黄帽思维具有积极乐观、正向肯定和推测价值实现的建设性思维特征。

1）以积极乐观、最好的方面思考。任何事物都有积极与消极两个方面的特征。即使那些看上去没有任何积极价值的事物，如果从积极的方面进行思考，也能找到有利的价值点。用充满希望的眼光和追求成功的积极态度去看待事物，往往会发现以前从未想到过的价值。在运用黄帽时，要求使用者以积极乐观的态度去思考。

2）以建设性、最理想的前景层面思考。有些事物或问题观点，从当前或短期利益来看，可能是没有积极价值和可实现性的。但黄帽思维更侧重于未来利益，而不是仅局限于当前现实。黄帽思维要求使用者着眼于长远发展，从长期建设性和理想层面进行思考与推理。

3）以逻辑性、可实现的条件理由论证。黄帽思维本质上是一种理性的逻辑性思维。因此，要避免没有实现可能的“胡思乱想”，而要思考获得积极价值与结果的可能性有多大，实现它需要哪些条件。黄帽思维要求使用者对正向判断和积极想法提供理由证据和可行的逻辑证明。

（3）黄帽的作用与价值

1）有利于培养积极正面的思维。人的大脑具有天然的“避险”思考机制，因此，大部分人比较擅长批判性思维，即习惯于“挑刺”和否定。黄帽思维以好奇心、尽力促成好结果等强烈愿望为态度基础，有利于使用者克服消极、负面思维。为了解决问题和达成目标，人们更需要培养和发展“发现价值”的积极思维。黄帽就是要求人们以正面、乐观的方式去看待和思考问题，有助于人们养成“价值敏感”的优良思维习惯。黄帽的使用者需要专注地思考并寻求事物的积极且有利的方面，有时会出现并不可行的建议，但会发现积极方面竟然有意想不到的价值。

2）有利于达成建设可行的目标。黄帽思维方式的核心目标是通过努力探求事物的优点，然后分析实现的条件和影响因素，并找到理由和证据证明是可行的，从而达成目标与最优结果。也就是说，黄帽不仅要思考并提出“白日梦”，还需要证明其价值及现实可行性。因此，黄帽思维有利于提升实现目标的能力。

（4）黄帽的运用难点

首先，要求使用者具备一定的创造性思维和创新方法运用的能力，才能发现事物的积极方面，提出较多有价值的建议和想法；其次，要求使用者不能盲目乐观和异想天开，还需要对产生的想法进行深思熟虑的思考，并进行逻辑分析和证明，厘清实现的条件，找到可行的路径。一般来说，想到事物的优点和价值不太难，难的是为这些有价值的想法找到实现的方法和路径。

4．黑色思考帽

（1）黑色思考帽的含义与特征

黑色思考帽（简称“黑帽”）是使用者以小心谨慎、警惕、审视的态度，对事物或观点进行质疑、反思和分析，力求找出错误和问题、分析风险与困难的一种批判性辩证思维方式。黑帽思维着重于思考事物存在的矛盾、危险、障碍、困难或问题，提出应避免的、无效的、行不通的、不符合的、不确凿的等负面内容，分析资源条件限制、政策法规、战略目标、价值规范等是否符合，以避免犯错。黑帽思维的本质特征是理性的否定。黑帽思维常采用的问题有“基于提供的证据，能够得出这样的结论吗？”“这是唯一可能的结论吗？”“这么想有什么错误？”“我们应该采用这个方案吗？”“我们需要克服的缺点或困难有哪些？”“如果我们这么干，可能有什么风险？”“符合我们的实际情况吗？”等。

（2）黑帽的运用原则与方法

1）逻辑地否定与纠错。在运用黑帽进行思考时，使用者是以否定的眼光去看待一切，尽力发现各种错误和可能存在的问题。具体思考时，可以采用先假定是否成立，然后寻求证据或理由，通过逻辑分析与检验证明假定是否成立。如果可以轻易证明假定成立，则说明原结论存在错误或严重问题；如果很难证明假定成立，则说明原结论基本没有问题。需要注意的是，否定是建立在严谨的逻辑分析基础之上的，不能凭空断言。黑帽思维的主要价值之一是通过逻辑否定的分析过程，发现错误与问题并进行纠正。

2）理性地批判与质疑。黑帽是运用消极、负面和批判的方式去思考问题。黑帽使用者总是思考最坏的结果是什么、存在哪些风险与困难，质疑可行性与确定性程度，发表各种负面或反向的意见。需要注意的是，这种批判与质疑不应有情绪的偏见或成见，而应是无情感色彩的理性、客观的思考与分析。

3）谨慎地推理与论证。黑帽思维的原则是大胆地进行否定假设，严谨系统地进行求实论证。黑帽使用者提出的怀疑与否定，是建立在一定知识经验基础上的逻辑判断，可大胆假设想象，但不能是毫无边际、毫无根据的。提出质疑和问题后，需要全面思考这种质疑是否有足够的理由和逻辑证明其成立，并分析这些问题出现的可能性及其条件，以证明质疑或否定的合理性与正确性。

（3）黑帽的作用与价值

1）避免错误，规避风险。简单地说，黑帽思维就是“鸡蛋里挑骨头”，总是充分思考并分析极端最坏的情形。黑帽思维有利于我们发现隐藏的思考错误，找到可能的风险、缺陷、困难与障碍，从而有效发挥避免错误、规避风险的作用。一般来说，人们通常善于发现自己的优点和别人的缺点，而黑帽思维有利于发挥“看别人缺点”的这种心理，找出问题，完善优化思维结构。

2）深入、严谨，求实检验。黑帽思维是以否定、质疑的方式，促使人们对事物或问题的思考与判断更深入、更全面，让人们的分析与推理论证更充分、更严谨。黑帽思维是运用谨慎、悲观的态度，引导人们的思考尽可能地贴近现实、逻辑正确并取得验证，从而让思考全面且正确。

（4）黑帽的运用难点

1）否定容易，贡献难。在运用黑帽时，提出否定观点并证明其存在的问题或风险，一般是比较容易做到的。但只做到这一步还不够，还需要“有破有立”，在否定的同时，提出新的、可行的、更好的建议，但实现这一点是比较困难的。

2）理性逻辑地批判。在运用黑帽思维进行思考时，要求思考者不受个人情绪的影响，理性地分析与批判问题。但现实情况是，批判者容易产生批判别人的满足感，而建议的提出者可能不会轻易“认错”或“认输”，接受批评或批判时也很难做到情绪不波动。因此，很容易出现争论、冲突甚至攻击的情形，黑帽思考者的情绪被带动后，就不容易做到理性逻辑地批判。

另外，大多数人擅长提出批判，但未必擅长逻辑地批判。黑帽思考者要在提出相左意见或质疑观点时，尽量做到有理有据、逻辑严谨。

5. 绿色思考帽

（1）绿色思考帽的含义与特征

绿色思考帽（简称“绿帽”）是使用者运用创造性思维和创新方法，不拘泥于现实情况，针对改变现实情况而提出新的想法、新的观点，列举并排列可能实现的新选项，以改变、修正和完善既有的思考，找到解决问题的新途径和新思路。

绿色象征着生机和成长，寓意创造和想象。绿帽思维的主要特征是“新”与“变”。绿帽思维主要是运用假设或假想、发散思维、侧向与逆向思维等方式进行创新探索性的思考。绿帽思维常采用的问题有“还有其他可选或可能方案吗？”“还有哪些更具有创造性的想法与建议？”“假设在某种情况下，还有哪些新办法解决该问题？”“有哪些新的或可变通的方法可以克服黑帽提出的问题与困难？”等。

（2）绿帽的运用原则与方法

1）寻求更新、更优的选择。在运用绿帽思维进行思考时，要求使用者往两个方向进行集中思考：①思考产生全新的创意或方案来替代现有的、旧的创意或方案；②思考产生更好、更现实可行的创意来进一步拓展、优化现有的创意或方案。因此，绿帽使用的首要原则是产生更多、更新、更优、更可行的创意或方案。

2）以假设诱发假想。在运用绿帽寻求更新、更多的可能性方案时，往往需要利用假设或假想来激发创新思维。假设是对可能的选项定义一个假定的设想，以由此产生诸多创意。例如，假设智能手机作为手表的一部分，就可以产生哪些创意或解决哪些问题，由此可拓展创新的想象空间和产生诸多全新联想。假想是在假设的情景下产生的多种可能结果，是具体的场景。总之，为了产生创新想法，需要利用各种假设诱发各种假想，以此调动思维的想象力。

3）以发展取代判断。一般来说，我们的思维习惯于判断，运用已有的知识和经验检验想法或观点是否与之相符。例如，这个想法好不好，可行不可行，就是运用思维判断力。在运用绿帽时，需要以发展的思维来代替判断思维。也就是说，在运用绿帽思维进行思考时，暂时不考虑想法的是非优劣，而着重思考由此能否发展出有价值的想法，能带来哪些进步效应。因此，绿帽运用的一个原则是，不能对想法进行评论或负面判断或直接否定，而是要在想法的基础上进行发展，以得出新的想法。

（3）绿帽的作用与价值

1）发挥思考的“进步效应”。绿帽思考问题的重点是下一步还可以怎么做、做什么，如何用进一步的思路与方法来改变现状或获得更好的解决方案，最终形成有创造力的修改意见。绿帽既有利于发挥思考的“进步效应”，也有利于思考者集中精力去发展并产生新的想法。

2）营造创造性思考机制。绿帽的关键价值在于让思考者或参与讨论的团队集中精神进行创造性思考，进而营造出一个审慎创造的思考方式与机制。通过运用绿帽思考，充分发挥思考者的创新思维，产生更多、更好的创意和想法，寻找创造性的、更优的解决方案。因此，绿帽具有创造性思考、头脑风暴、求异思维等基本特点与功能。

（4）绿帽的运用难点

绿帽的运用难点是要提出新的、更好的、更可行的想法选项，这要求使用者具有一定的创造力，而绿帽思维是提供思考的方向和机制，不能提升使用者的创造力。绿帽使用者需要熟练应用创新方法，如坐标交叉法、角色转换法、随意畅想法、加减法等创新方法和工具，以取得更好的效果。

6. 蓝色思考帽

（1）蓝色思考帽的含义与特征

蓝色思考帽（简称“蓝帽”）是一种对思考的思考，也是对思考过程的控制，通过对思考的总体管理与控制，让思考过程更有序、更有效。蓝帽就像“乐队指挥”，一方面要定义思考主题，明确思考的目标与任务，将思考过程集中于核心主题与目标；另一方面要整体组织安排思考过程及程序，根据思考任务设计其他思考帽的运用时机和顺序，并在思考过程中观察、评论、整理结论等，实时控制与监督思考过程。

蓝色是广袤天空的颜色，象征着总览全局。蓝帽思维的本质特征是对思考自身的系统指挥、控制与管理，其重点是流程控制、时间控制与争论控制。蓝帽思维常采用的问题有“我们的主题是什么？”“我们此次的任务目标是什么？”“议程安排如何？”“我们这一步做什么，下一步做什么？”“该谁戴上何种颜色的帽子了？”“我们都同意这个结论吗？”等。

（2）蓝帽的运用原则与方法

1）准确定义问题并围绕问题思考。在运用蓝帽时，首先要厘清问题的背景及相关信息，明确要解决和思考问题的关键，清晰表达并给出问题准确而具体的定义。

其次，要紧紧围绕定义的问题进行思考，指挥并注意集中参与者的思维，引导大家问正确且与主题相关的问题，切忌思维过于发散跑偏。

2）系统组织并控制思考过程。蓝帽的主要作用是让思考更有序、更高效。设定思考工作，就要知道什么问题、什么时候、用何种思维可以解决，第一步用哪种思考法，第二步用哪种思考法，等等。例如，要解决手表在黑暗的情况下也能看时间的问题，蓝帽就可以根据具体情况、具体问题，掌握在什么时候小组的成员应该用什么样的思维方式思考这个问题。

3）实时总结归纳并形成结果。在所有的思维过程中，不仅要提出想法，还要提出实现想法的可能性。这需要做很多总结归纳工作，这也是蓝帽的一个重要责任。因此，在运用蓝帽时，要根据思考过程，尽量准确记录各种想法与观点，并适时进行归纳总结，以保证整个思考过程达到目标和期望的结果。

（3）蓝帽的作用与价值

1）统一思想，达到目标。蓝帽是思考过程的组织者与协调者，合理运用蓝帽有利于统一思想，明确目标，引导思考围绕主题和目标高效地进行，使得思考有序、不偏离主题，进而让各种想法服务于问题解决和目标实现。

2）控制调节，系统推进。蓝帽也是思考过程的控制者、主持者和推进者，合理运用蓝帽有利于控制思考和讨论的流程、进度、节奏和场面，适时调节、引导参与者的思考方向和情绪状态，整体推进思考与讨论活动，做到思考与讨论有序、高效地进行。

（4）蓝帽的运用难点

1）实时观察记录与合理引导。蓝帽是基于整个思考过程的宏观把握与具体掌控，需要在整体框架与目标的指引下，做好实时观察与记录、归纳与评论，即实时地让蓝帽使用者清晰地认识并掌握自己的思考过程，以保证思考的有效性。因此，需要蓝帽使用者具备一定的宏观把握与实时组织、引导的应变能力，这是一个应用难点。

2）准确聚焦概括与形成结论。蓝帽的基本角色职能是使思考与讨论为实现目标服务。在实现目标的过程中，蓝帽必须引导参与者遵守规则、聚焦问题和打断争论，全面、准确地概括出参与者产生的各种想法和建议，形成合理性结论。因此，需要蓝帽使用者具备一定的分析、整理和归纳总结能力，这是另一个应用难点。

4.2.3 六顶思考帽的运用

1. 六顶思考帽的运用场景和使用规则

（1）六顶思考帽的运用场景

在以下 3 种情况下，运用六顶思考帽可提高问题思考与解决的效率。

1）参与思考与讨论者固执己见、互不相让。

2）思考与讨论过程过于冗长，偏离主题，无法达到目标和形成清晰结论。

3）思考与讨论过程时间有限，需要快速做出决断。

（2）六顶思考帽的使用规则

在运用六顶思考帽进行思考和解决问题时，需要明确以下几点规则。

1）没有绝对的使用组合及顺序，可根据待解决的问题和要达到的目标灵活地安排使用顺序，可以单独、组合或多次使用各颜色的帽子，也可以不使用某种颜色的帽子。

2）尽量选择有助于问题解决和推进思考的某种颜色的帽子，尽量选择简单、少量帽子的组合，充分发挥某种颜色帽子的优势与特点，做到简洁高效。

3）六顶思考帽不是对思考者的分类，而是对思考方式的分类与暂时限定，每个思考者都应该掌握所有颜色帽子的使用规则和技巧，具体运用时不需要提醒该颜色帽子的功能和注意事项。

4）尽量避免滥用、无限制地运用某一颜色的帽子，以避免思考和问题讨论偏离主题，避免陷入“思考极端”。

2. 六顶思考帽的单独运用

（1）单独使用白帽的时机与情形

在以下几种场景时，可单独使用白帽。

1）客观评价出现的新情况或新问题。

2）需要做出理性、符合客观实际的决策或决定。

3）打消或排除一些不切合实际的想法与念头。

4）需要事先做好信息收集与梳理，做好规划设计的准备。

5）意见不统一、观点有争执。

6）在谈判与沟通时，须列举客观事实与数据，以增强说服力。

（2）单独使用红帽的时机与情形

在以下几种场景时，可单独使用红帽。

1）征求各自意见，需要参与者发表个人主观看法。

2）需要探索或挖掘参与者个人内心的直觉情感与真实想法。

3）需要快速排除选项并排序，对决策或意见进行投票。

4）预测并验证某一想法（或建议、决议）的可接受性。

（3）单独使用黑帽的时机与情形

在以下几种场景时，可单独使用黑帽。

1）需要避免决策错误、判断失误。
2）需要对变化评估其后果、风险。
3）需要检查建议或想法是否可实施。
4）需要评估谈判底线和实施承诺风险。

（4）单独使用黄帽的时机与情形

在以下几种场景时，可单独使用黄帽。
1）需要探寻、发掘新的观点、建议与想法。
2）需要对观点价值、优势进行评估。
3）需要减少想法或方案的负面影响。
4）需要处理或讨论重大变化带来的积极影响。
5）需要检查、重新审视想法或建议可能被忽略的价值。

（5）单独使用绿帽的时机与情形

在以下几种场景时，可单独使用绿帽。
1）需要挑战现状、鼓励创新。
2）需要改进和完善方案，进一步发展现有想法。
3）需要探寻更多、更优的新方法和新思路。
4）需要打破固有思维和现状束缚，摆脱条件限制。

（6）单独使用蓝帽的时机与情形

在以下几种场景时，可单独使用蓝帽。
1）需要明确思考或讨论的目标与主题。
2）需要解决争论、引导思考方向、提供思考程序。
3）需要记录思考过程、保留思考轨迹。
4）需要达到思考和讨论的目标、形成明确结果、提高思考效率。

3. 六顶思考帽的系统使用

（1）思考或讨论形成初步的简单方案

一般按蓝帽、白帽和绿帽的顺序组织思考或讨论过程，具体步骤如下。
1）运用蓝帽思考并讨论中心问题、任务和目标是什么。
2）运用白帽思考并列举出对此问题或情况有哪些客观事实与信息数据。
3）运用绿帽思考并对此想出或引申出新的想法和建议。

（2）快速评估某个想法或方案

一般按黄帽、黑帽和蓝帽的顺序组织思考与评价，具体步骤如下。
1）运用黄帽思考并评价，列举出该想法或方案的优点与价值有哪些。

2）运用黑帽思考并评价，列举出该想法或方案有哪些缺点、不足或负面影响。
3）运用蓝帽思考并综合分析与总结以上想法的优缺点，形成结论。

（3）研究改进现有方案或状况

一般按黑帽和绿帽的顺序组织思考与分析讨论，具体步骤如下。
1）运用黑帽思考现有方案或状况存在哪些缺点与问题。
2）运用绿帽思考分析如何改进或有哪些新的思路可以克服以上缺点或不足。

（4）设计研发新产品或新方案

一般按蓝帽、绿帽和红帽的顺序组织思考与研究设计，具体步骤如下。
1）运用蓝帽思考并分析研究，明确设计研发的任务目标与具体需求。
2）运用绿帽思考并分析研究满足需求的可能设计方案有哪些。
3）运用红帽思考并给出直觉判断，对以上各种设计方案进行感性思考。

（5）探索机会与发展方向

一般按白帽和黄帽的顺序组织思考与分析讨论，具体步骤如下。
1）运用白帽思考并分析当前状况如何，有哪些事实信息和数据资料。
2）运用黄帽思考并分析当前状况有哪些有利条件，可产生哪些积极的价值或影响。

（6）风险预防与保持谨慎

一般按白帽、黑帽和蓝帽的顺序组织思考与分析研究，具体步骤如下。
1）运用白帽思考并分析研究当前状况或方案有哪些事实信息和数据资料。
2）运用黑帽思考并分析研究当前状况或方案有哪些风险、不足和不利影响。
3）运用蓝帽思考并综合分析以上信息，形成结论。

（7）做出选择与决策

一般按黄帽、黑帽和红帽的顺序组织思考与分析，具体步骤如下。
1）运用黄帽思考并分析，列举出当前选项与方案的优点、价值和有利方面。
2）运用黑帽思考并分析，列举出当前选项与方案的缺点、不足和不良后果。
3）运用红帽思考并对以上优缺点进行感性思考，给出个人直觉判断与选择。

实训

组织六顶思考帽活动

某同学创业做水杯生意，但最近水杯的销售情况不太理想。以小组为单位，结合该同学水杯销售的问题，运用六顶思考帽的方法展开讨论，最后出蓝帽扮演者进行总结。

【解读】

在活动开始之前，学生需要复习一遍六顶思考帽的规则和运用，在活动中通过运用六顶思考帽的方法提高解决实际问题的能力。

4.3 思维导图

场景引入

4.3.1 思维导图简介

思维导图，又称为心智图、心智地图、脑图、思维地图等，是由英国的东尼·博赞提出的辅助思考并以图像化表达的一种工具和方法，也指利用思维导图法进行思考所产生结果的图形化记录内容。思维导图的思考方式是思考者围绕一个中心关键词或主题，综合运用发散思维和逻辑思维，通过联想、构造、分类梳理等思维过程产生想法的一种模式，其结果用中心关键词或主题以辐射线条连接所有关联内容的图形呈现出来。

通过思维导图的架构与图像、线条、颜色和文字等视觉化呈现，可将原本杂乱的思绪和信息做条理化整理，形象、简洁地表达出基于中心主题的各个点之间的内在逻辑联系，以及各子关键词的重要性及其层级关系。在此基础上，可重新检视想法与信息是否有遗漏或是否出现新的想法。因此，思维导图在思维模式方面具有聚焦性、发散性、逻辑性和系统性的特点，在呈现方式方面具有形象化、结构化、视觉化和简洁化等特点。思维导图有助于帮助使用者突破思维限制，提升创新思维和逻辑思维能力及其效率，提高分析与归纳总结能力，增强记忆力和提升工作效率。从理论上讲，思维导图可以应用于生活、学习和工作的任何领域。思维导图应用最多的领域是厘清思路、策划活动、准备演讲或演示、做学习笔记、分析解决问题、管理工作计划与任务、做决策、管理知识信息、开发新产品、管理项目和创意写作等。对于个人来说，思维导图可用于厘清计划、做好项目管理、提高沟通效率、改进组织工作、分析解决问题等方面。对于学习者来说，思维导图可用于记忆学习内容、做笔记、撰写报告和论文、演讲准备、思考分析问题、集中注意力等方面。职场人士在制订工作计划、管理项目、举行会议、实施培训、参与谈判、面试、评估工作和组织头脑风暴等工作过程中，运用思维导图可以提高工作效率。

由于思维导图可同时调动人脑的发散思维和逻辑思维两种思维模式，并可结合图形化表现形式，因此其在产生创意方面具有独特优势。在创业过程中，思维导图经常用于产生创业想法、分析市场信息、细分客户、设计与开发产品和梳理创业思路与计划等方面。图 4-2 所示为市场规模估算的思维导图。

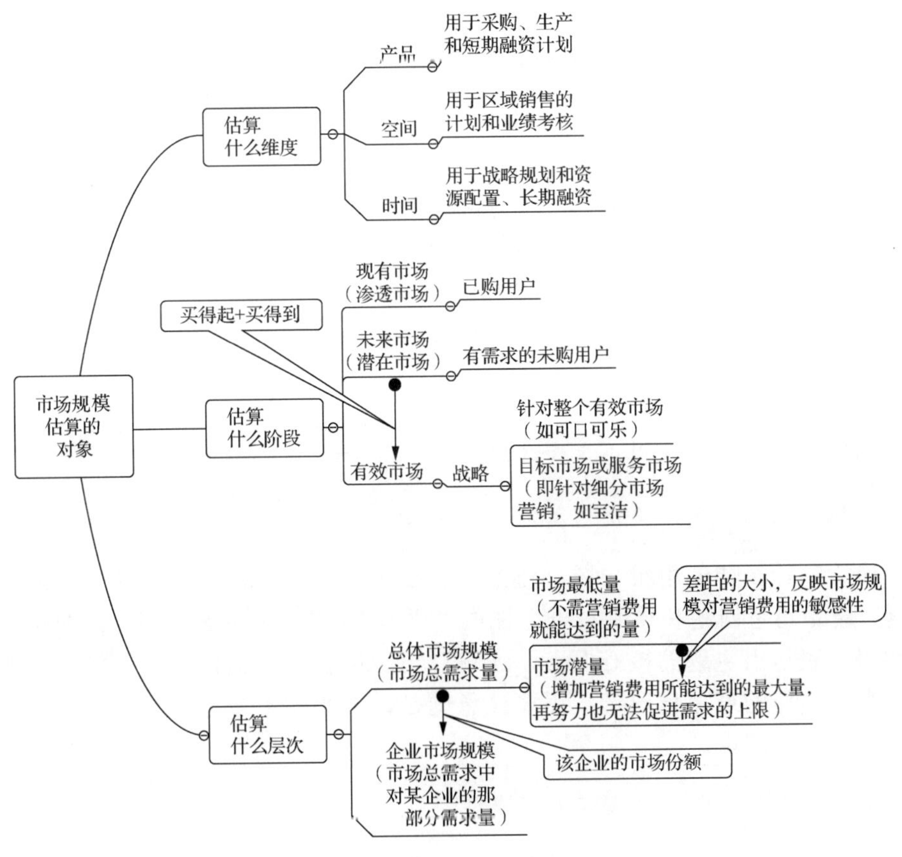

图 4-2 市场规模估算的思维导图

4.3.2 绘制思维导图的方法和步骤

1. 绘制思维导图的方法

绘制思维导图有两种方法：①利用计算机或手机端的专门思维导图工具软件来绘制；②传统的在纸张上用笔手绘。目前，绘制思维导图的工具软件有很多，如百度脑图、MindManager、XMind、iMindMap、FreeMind、MindMapper、MindNode等。工具软件的选择，主要依个人习惯和运行平台来确定。利用工具软件绘制思维导图，软件本身就有使用帮助，网上也有简单教程，很容易上手。无论是利用工具软件绘制，还是采用手绘方式，其绘制的基本步骤、规则和方法是相通的。图 4-3 所示为手绘思维导图的基本工具、要点和技巧。

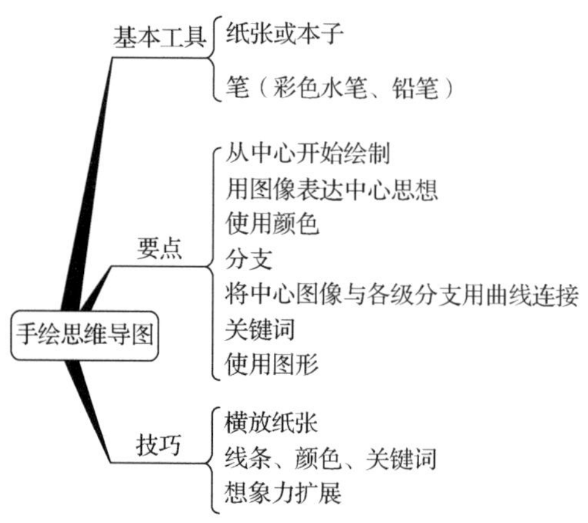

图 4-3 手绘思维导图的基本工具、要点和技巧

2. 绘制思维导图的步骤

绘制思维导图一般有以下 7 个步骤。

（1）明确主题（中心关键词）并画出中心图

无论绘制什么样的思维导图，还是用什么工具来绘制，第一步都必须明确绘制的主题，这是思考问题和绘制思维导图的“原点”。明确了主题之后，需要思考用什么关键词可表达出主题的核心要点，还可以考虑结合关键词，用什么样的图像或图形做直观、具体的形象化展示。需要注意的是，中心图不一定要特别漂亮，能够简洁地表达出主题即可。

（2）围绕主题收集信息或深入思考

确定了主题和中心图之后，绘制者需要围绕主题收集相关信息与内容，或者通过发散思维全方位、系统地思考与主题相关的想法。这个步骤是最为重要的，因为必须有足够丰富的内容、信息或想法才能达到目的，而后才能绘制出令人满意、有价值的思维导图，切忌仓促略过。因此，这个步骤应多花费时间和精力，尽可能做到位。若有必要，可借助互联网搜索引擎或运用头脑风暴法等，提高信息内容或设想的准确性和丰富性。

（3）对信息或想法进行梳理归类

等收集到足够的信息或产生足够多的想法后，绘制者需要对这些信息与想法按一定逻辑层次进行系统梳理，并进行分层和排序。此处的分层与排序，不一定按严格意义上的标准进行分类。绘制者可根据自己的经验或想法，设定好维度和依据，做简单的分层与排序即可。如果有不适合归类的信息或某些分类信息过多，也可以自行设定层次及顺序，可适当调整分类层次和排序标准。在此过程中，如果有了新的信息或想法，可以在各层各级直接添加。

（4）绘制主干线条及其分支线条

完成信息归类后，就可以按照分类的层级，从中心图出发绘制主干线条及其分支线条。一级分类为主干线条，二级分类为主干线条后的枝干线条，依次类推。需要注意的是，在绘制线条时可根据各级分类信息的多寡，合理分配空间布局，以给分支多的线条留出足够的空间。一般来说，主干线条要粗于分支线条，线条多采用曲线而非直线，线条的长度主要根据分类关键词或图形图像的实际需要来定。

（5）为线条添加关键词和颜色

前面的步骤完成后，这一步就非常简单了。按照既定的思路和分层排列信息，斟酌每个线条的“关键词”，力求简洁精练而准确。关键词的提炼需要绘制者具有较高的概括、探求本质和表达能力。关键词一般写在线条的上面，不宜超出线条的长度，且最好留出后期绘制图形图像的空间。根据信息的类别，绘制者可为线条添加不同的颜色以作醒目区分，同时还可以提高思维导图的美观程度。

（6）图形化（图像化）润色

通过前 5 个步骤，思维导图已经被初步绘制出来了。为了打开我们的想象力，提升思维导图的视觉化和降低记忆、理解的难度，还可以对上述呈现出来的思维导图进行图形化润色，以便更好地发挥思维导图的特点和作用。根据个人的需求和能力，绘制者可在每个线条的关键词旁边绘制小幅的能够反映并丰富其含义的图形图像。一般来说，思维导图中的图形并不要求美术层次的绘画水平，用一些图示、图例、箭头记号等简图，也是可行的。

（7）梳理完善内容与思路并补绘

为了使绘制的思维导图更加完善、思路或解决方案更加合理，有必要对初步绘制成的思维导图进行重新梳理和检查，看看图中哪些层次可以更合理，哪些信息内容可以调整和补充，哪些细节需要进一步思考和修改。这个重新梳理和完善的步骤，可以在前面的步骤完成后立即进行，也可以搁置一段时间，或通过实践检验后再来进行。把这些调整和优化完善的内容补绘到思维导图中，就可以得到一幅相对完美的思维导图了。

4.3.3 绘制思维导图的要领和技巧

绘制思维导图的要领和技巧如图 4-4 所示。

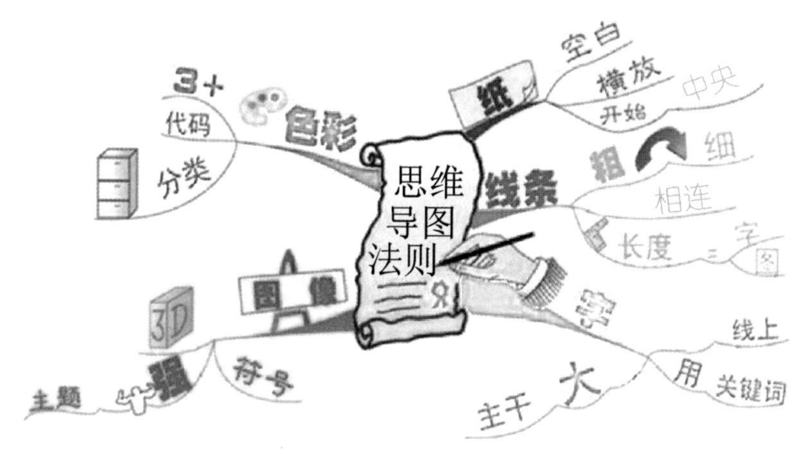

图 4-4 绘制思维导图的要领和技巧

1. 绘制思维导图的要领

绘制思维导图的要领主要有可视化、发散思维、关键词、逻辑与分类。思维导图的使用者是否能有效运用思维导图，取决于这几个要领的熟练应用程度。

（1）可视化

思维导图分为 3 种：文字型、全图型和图文结合型。思维导图的优势和特点在于其直观清晰的结构化、图形化表达。因此，线条、颜色、图标和图像等是可增强思维导图可视化效果的元素，通过统筹和灵活运用这些元素，就可以绘制出脉络清晰、“颜值”较高的思维导图。需要注意的是，思维导图是思维优先、“颜值”加分。也就是说，颜色、图标等的绘制是第二位的，是服务于思维逻辑的表达和展示的形式，并不是图越美越多越好。使用者只要绘制出图文结合、逻辑清晰和重点突出的思维导图就可以了，图的美观和精细程度适可而止，切忌造成混乱和负担。可视化的要领是：线条按层次粗细有别，颜色按模块内容区分，图标图像适当形象。

（2）发散思维

有人认为，思维导图的真正精髓在于训练发散思维、增强发散思维的效果。思维导图的一个重要应用是产生创意或提出问题的解决方案。通过思维导图的绘制可引发新的发散思维，同时，思维导图的图文信息有利于启发思维，产生更多的想法。反过来说，发散思维是绘制思维导图的前提和基础，必须打开思路并产生足够多的想法和信息，才能将思维导图绘制出来。发散思维的要领是：结合头脑风暴法产生足够多的内容信息，充分联想。

（3）关键词

关键词是思维导图的核心内容与思路表达的关键。好的关键词可以准确、系统、清晰地表达内容的主旨，同时有助于思维的梳理记忆和思维联想。关键词一般具有概括性、目标性和内涵性等特点。关键词组合起来往往具有层次性、系统性和逻辑性等特点。因此，关键词的选择就是思维梳理的过程，是消化理解内容和分析问题的过程。关键词的要领是：尽量用名词或动词概括核心意思，选取具有印象深刻的词语，照顾各级关键词的逻辑关系。

（4）逻辑与分类

思维导图本身就是对思维与信息的逻辑及分类的直观表达。如果逻辑不清，分类不明确，那么思维导图是很难绘制出来的。因此，思维导图在绘制前就需要将思维与信息的逻辑及分类梳理清楚。一般来说，逻辑与分类可以从思维导图的逻辑中心进行系统性、整体性思考，运用事务流程、事物描述、比较对照、常规分类、因果关系、整体局部、类比等方法，结合内容信息的实际进行统筹安排。逻辑与分类没有现成的模式，绘制者可根据自己的需要和经验进行自主定义。逻辑与分类并不是一成不变的，也没有标准答案，有可能会出现思考不周全而需要修改、调整和增删的情况，绘制者可根据情况进行灵活调整。逻辑与分类的要领是：符合绘制者的逻辑，分类有基本依据，逻辑清晰，层次分明。

2. 绘制思维导图的技巧

《博赞脑力训练手册之思维导图》一书讲解了思维导图的基本技巧规则有 4 个方面：突出重点、运用联想、清晰简要和形成个人风格。

（1）突出重点

思维导图的绘制首先要做到重点突出。为了便于记忆释读，思维导图要以核心主题（图像）为中心，通过线条的粗细程度及其填涂的颜色，清晰标识出关键词与图像大小等的层次等级和重要程度。一般来说，距离核心主题（图像）越近，线条越粗，颜色越重，则表明其越重要，层次也越高。

（2）运用联想

在运用思维导图产生创意或解决问题时，需要运用联想进行发散思维，以产生较多、较好的设想。联想通常可以采用接近联想、类比联想、对比联想、相似联想、相关联想、因果联想等方式，建立与核心主题及各级关键词的联系，以达到迅速扩展思维的效果。在绘制思维导图过程中，通过色彩描绘、关键词提炼等操作，也会激发绘制者的思维灵感，进而引发系列联想。多训练并充分发挥联想思维的作用，也是绘制思维导图的关键技巧之一。

（3）清晰简要

绘制思维导图切忌混乱而复杂。各级线条要节点清楚，不能交叉；每条线上只能有一个关键词，而不是描述性句子。图标图像也要对应线条与关键词，不能太多、太乱。绘制者可使用层次结构和数字顺序，以绘制出清晰简要的思维导图。总之，如何清晰地表达出内容的层次与逻辑，用简要的文字和图像直观地表达出内容的核心信息，也是思维导图绘制的关键能力之一。

（4）形成个人风格

思维导图会因使用者的思维方式、行为习惯和使用目的不同而有不同的表现形式。不同风格、不同表现形式的思维导图，并无高低、好坏之分。我们鼓励思维导图绘制者通过不断实践，结合个人特质与需求，逐渐形成个人风格。思维导图绘制者形成个人风格与习惯，有助于提高思维导图的绘制效率和使用效果。

实训

绘制自己的思维导图

绘制 4.1 节【实训】头脑风暴比赛结果的思维导图。

【解读】

本活动需要学生使用 XMind 等软件绘制头脑风暴比赛结果的思维导图。

思考与检测

一、单项选择题

1．下列选项中，不属于头脑风暴法实施前需要做的准备是（　　）。

A．明确头脑风暴活动的主题与目标

B．确定头脑风暴的方式

C．选择合适的参与者

D．暖场热身

2．实施头脑风暴法前是否需要准备资料（　　）。

A．需要，准备的资料越充分，越有利于头脑风暴的开展

B．不需要，准备的资料会妨碍思维发散

3．头脑风暴法的原则不包括（　　）。

A．自由畅想　　B．延迟评判

C．想法要少而精　　D．善用联想

4．六顶思考帽中的白帽代表（　　）。

A．中立而客观　　B．积极正向

C．小心谨慎　　D．运用创造性思维

5．下列选项中，不属于绘制思维导图要领的是（　　）。

A．可视化　　B．收敛思维

C．关键词　　D．逻辑与分类

二、填空题

1．头脑风暴法的原则是________、________、________、________、________。

2．头脑风暴法实施前需要做的准备有________、________、________、________、________。

3．白帽代表的是________。

4．红帽的运用难点是________、________。

5．绘制思维导图的技巧有________、________、________、________。

三、思考题

1．在头脑风暴法的实施中需要做什么？

2．思维导图有哪两种绘制方法？绘制思维导图的步骤是什么？

课外实践

寻找治理雾霾的方法

某市的空气雾霾比较严重，请学生通过头脑风暴法，找到治理雾霾的方法。30分钟后，统计自己小组产生了多少种方法？与其他小组进行对比，哪个小组产生的方法最多？分析哪些方法是不同的，最后形成一个较优的解决方案。

本章要点

• 在进行头脑风暴时，虽然鼓励天马行空的自由畅想，但切记要聚焦讨论的主题而不能偏离主题。对参与者提出的想法进行过早的判断和评价是非常不利的，这样会影响参与者的参与热情，产生思维限制的负面效应。

• 在头脑风暴过程中不要担心冲突，积极的冲突是必要的（对事不对人），有时候还可以适当、主动地制造些许冲突，以激发参与者进入积极的头脑风暴状态。

• 六顶思考帽是用六顶不同颜色的帽子来比喻六种不同的思维方向与模式。运用六顶思考帽进行思考和分析问题时，要遵守一定的规则。

• 绘制思维导图有两种方法：一是用专门的软件，二是手绘。绘制思维导图的要领主要有可视化、发散性思维、关键词和逻辑与分类。

创 业 篇

第5章　创 业 基 础

本章导读

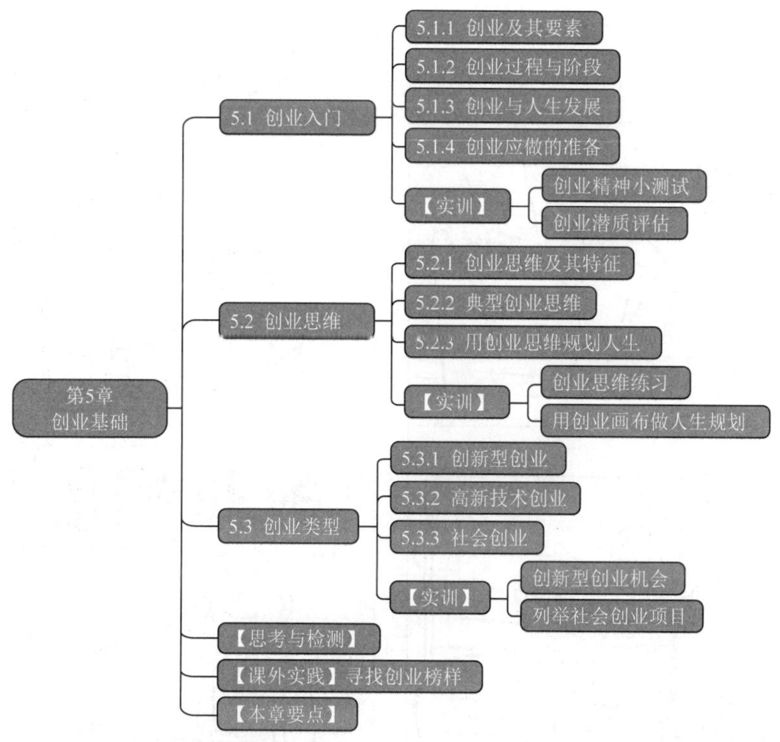

重点难点

对创业形成初步概念，了解创业类型；培养自身创业思维，用创业思维规划人生。

目标与要求

◎ 了解创业的内涵和要素。
◎ 掌握创业过程与方法，探索适合自己的创业模式。
◎ 培养创业思维，用创业思维规划人生。
◎ 了解创业类型。

关键知识点

创业的内涵、过程、要素、类型和创业思维。

5.1 创业入门

场景引入

5.1.1 创业及其要素

1. 创业的内涵

创业的内涵有广义和狭义之分。广义的创业多是从社会学角度解读与引申的，是指有开拓性、创新性和价值性的社会活动，包含人类所有事业的创新和创造活动。《现代汉语词典》（第七版）对“创业”一词的解释是“创办事业”，而《辞海》（第六版）将“创业”阐释为“创立基业”。

狭义的创业源于“entrepreneur（企业家、创业者）”一词，多从经济学和创业学的视角来解读。创业研究与教育的开拓者杰弗里·蒂蒙斯认为：“创业是一种思考、推理和行为的方式，这种行为方式是机会驱动的，注重方法和与领导相平衡。创业导致价值的产生、增加、实现和更新，不只是为所有者，也为所有参与者和利益相关者。”郁义鸿、李志能、罗博特·D. 希斯瑞克（2006）在《创业学》一书中给出的定义是：“创业是一个发现和捕捉机会并由此创造出新颖的产品或服务，实现其潜在价值的过程。”本书将创业主要界定为狭义层面，特指个人或团队自主创办企业的行为与过程。本书采用的定义为：创业是创业者（个人或创业团队）不拘泥于当前资源约束，寻找和把握各种商业机会，投入已有的知识、技能和社会资本，调动并配置相关资源，创建新企业，为消费者提供产品或服务，以创造经济价值和社会价值为目的的行为过程。

创业作为一个复杂的行为过程，可从以下 3 个方面理解其概念的内涵。

（1）创业是突破资源约束、创造新的运营系统的过程

创业活动一般是创业者在资源有限与高度约束情况下进行的，通常是“从无到有”“从零到一”“白手起家”的创新和价值创造过程。面对创业初期甚至创业全程都会经历资源束缚的情况，创业者需要创新性地整合并利用各种创业资源，发挥个体创造力，通过对技术、产品服务、市场营销、销售渠道和商业模式等方面的创新，实现资源优化配置，进而创造出新的可持续盈利的商业运营系统，才能达成创业目标。因此，创业无论是起步还是发展，都需要创业者充分发挥聪明才智，寻求突破资源约束的新机制和新方法，以推动创业活动的持续开展。

（2）创业是识别和把握机会、开发商业机会的过程

商业机会是创业活动产生的基础前提和根本推动力，绝大多数创业活动源于有价值的商业机会的出现。一般来说，商业机会是无处不在、无时不在的。创业者能否识别出适合自己的、有效的、有开发利用价值的机会，是创业者开启创业之旅的重要条件。因此，创业活动有赖于创业者利用“慧眼”发现并识别机会，再通过人才、资金和技术等要素资源的有效整合与系统组织进行机会的价值创造或开发，只有这样才有创业成功的可能。

（3）创业是更好地满足需求、实现价值创造的过程

创业的根本目的和基本特征是创造新的价值。创业活动可以被看作人类的一种具有创新性的劳动方式。一方面，这种劳动方式会自然产生劳动价值；另一方面，创业产生或创造的新价值需要满足消费者需求，消费者购买新价值之后才能实现价值的创造、转移和循环。因此，创业活动不仅要求创造价值，还要求创造消费者认可并购买的价值。创业者必须通过创新，更好地满足消费者需求，创造更具优势的

价值，才能实现价值回报。从这一点上来讲，创业活动需要创业者付出更多的努力，承担相应的风险。当然，成功的创业活动也会给创业者带来相应的成就、成长和回报。

对于大学生群体的创业行为而言，其创业内涵可表述为：在校或毕业 5 年内的大学生或其团队，顺应经济和社会发展潮流，充分利用我国对大学生创新创业的扶持政策和学校的有利环境，运用所掌握的知识和技能，积极发现并捕捉商业机会，研究开发新产品或新服务，通过整合和创造性地配置、利用各种资源，创造经济价值和社会价值，获得经济回报和自我成长的行为过程。简单地说，大学生创业是大学生主动探索并实践创业活动、尝试开展创业项目运营或开办企业、开创未来事业的行为活动。大学生创业，既具有创业的实践特征，又具有经验积累与自我成长的学习特征。

现代管理学大师彼得·德鲁克认为，创业是一种可以组织，并且是需要组织的系统性的工作。大学生创业也可以被看作就业的一种特殊形式，属于自我雇佣并创造一定就业岗位的高级就业方式。

2. 创业的要素

杰弗里·蒂蒙斯在其《新企业的创建》一书中提出了创业要素及其关系模型，如图 5-1 所示。该模型提出了创业活动至少需要 3 个关键要素：创业机会、创业者及其团队和创业资源。一般认为，创业机会是创业活动的核心要素，创业的核心是发现、识别与开发商业机会，利用机会去实施创业。创业机会具有不确定性，往往需要创业者及其团队发挥其创造力去识别、分析和评估创业机会，进而开发创业机会。如果创业者没有找到合适的创业机会，创业活动就不会发生或无法有效推进；反之，如果具备了好的创业机会，机会将驱动创业者将想法付诸行动，从而推动创业活动的开展。创业者有了可把握、可开发利用的创业机会之后，创业活动还需要具备必要的资源（如资金、技术、场地、设备等）才能进行。创业资源是开发创业机会的必要保证，是创业活动的支撑要素。创业者及其团队是 3 个要素中唯一具有能动性的组织要素，需要发挥其主观能动性，才能进行创业机会的发掘与开发，才能寻求、整合开发创业机会所必需的资源。

蒂蒙斯认为，创业过程是三大要素之间相互作用、相互影响，由不平衡向平衡方向发展的动态过程。成功的创业活动必须对创业机会、创业者及其团队和创业资源三者进行最适当的匹配，并且还要随着创业阶段的发展变化而做出动态调整。

在蒂蒙斯模型中，创业机会、创业者及其团队和创业资源这三大要素构成一个倒立的三角形，创业者及其团队位于三角形的支撑点。在创业初始阶段，创业机会尚待开发，与开发机会所需的资源相比，创业资源相对缺乏，于是三角形会向左倾斜，呈现创业机会与创业资源的不平衡状态；在创业后期阶段，创业机会则被充分开发利用，创业者及其团队拥有创业可支配的资源并不断积累，此阶段

三角形将向右倾斜，代表创业机会与创业资源不平衡的一种状态。此时，创业者及其团队需要寻求更大的商业机会去合理使用资源，以保证创业活动的持续开展。创业的过程就是创业者及其团队发挥主导作用、平衡并实现三大要素间动态平衡关系的过程。

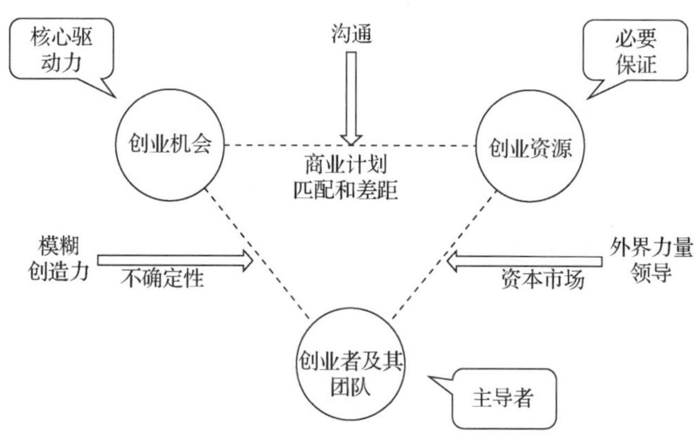

图 5-1 蒂蒙斯的创业三要素模型

5.1.2 创业过程与阶段

1. 创业的过程

创业的过程是指创业者从有创业想法开始到创业成功所经历的一系列流程和步骤，主要包括产生创业想法、识别和评估创业机会、整合资源实践试错、创办新的企业、运营管理新创企业和企业发展收获成功等历程。

（1）产生创业想法

创业者是创业活动的主体，创业活动发端于其强烈的创业想法和动机。不管创业者出于哪种想法和动机，都必须有明确的创业意愿才会有后面的创业行动。创业者有了创业想法和意愿，就会主动去评估自身条件和创业外部环境，并做出最终的创业决策，做好创业的心理准备。这是创业的第一步，也是关键的一步。走出这一步，才会有后面一系列的创业活动。

（2）识别和评估创业机会

创业者决定创业之后，首先要识别并找到适合自己的创业机会，即创业者要在这一步确定创业到底创什么。创业机会的寻找是创业过程的关键环节，一方面，需要创业者发挥主动性和创造性去识别有价值、有潜力、好的创业机会；另一方面，创业者要分析自身情况，确保自己能把握并有能力开发这个创业机会。识别、分析和评估创业机会有相应的标准、方法、工具和步骤，这部分内容将在第 6 章专门、系统地阐述。

（3）整合资源实践试错

创业者在第二步找到创业机会并确定创业项目或方向后，需要整合资源并以精益创业的方式对创业机会实施实践检验，探索各方面的需求条件并验证商业模式，以确保创业项目可行，从而降低创业风险。

这一步是创业过程中最为重要的一步，其结果直接决定着创业活动能否顺利推进，是否能达到预定的创业目标。首先，创业者基于创业项目的基本需求，需要整合实践检验项目所必需的人、财、物、技术、场地等资源，同时盘点并判断创业资源需求与自我资源拥有和整合能力是否匹配。其次，创业者需要分析目标用户或客户需求、细分目标市场、开发原型产品、做小范围市场实测和登陆市场的销售检验。通过一系列的实践试错，创业者可以对用户、市场、产品、技术、供应商、销售渠道和财务成本等关键问题做出理性、客观的判断，以调整、完善创业思路和计划，切实做好创办企业的准备。

（4）创办新的企业

当创业者找到合适的创业机会，并通过实践试错的方式实际验证后，可确定这个创业项目及其计划方案大致是可行的。接下来，创业者就可以筹备创办新企业了。创办新企业是创业过程中具有里程碑意义的一步，标志着创业活动步入正式轨道。在这个步骤中，创业者需要做好组建创业团队、筹集资金、为企业起名等准备工作，按新企业注册的流程和规范完成企业注册工作，以及新企业开张与初期运营的准备工作。

（5）运营管理新创企业

企业成立后，创业者已成为企业的拥有者和管理者。创业者需要打造并管理好团队，组织产品研发与生产，做好市场营销、销售管理和客户服务，做好行政事务、财务管理等各方面的企业管理工作。在这个环节中，创业者首先要保证企业的生存，保证企业现金流和一定的利润，然后逐步将企业做大、做强。

（6）企业发展收获成功

如果企业运营得比较顺利，在创业者及其团队的努力下，企业会获得快速发展和成长。在比较理想的情况下，经过一段时间的发展，企业有可能实现上市。在这个时候，创业已经算是成功了，创业者可以选择继续运营，也可以某种方式退出。无论哪种结果，创业者都可以收回投资和创业回报，收获创业成就。

2. 创业的阶段

创业的阶段是指创业者在创业过程中主要经历的发展阶段。创业阶段大多是从企业的发展阶段来定义和分析的。本书按照创业过程发展的时间顺序及其特点，将创业阶段概括为如下 5 个阶段。

（1）创业探索期

创业探索期是指创业者创业准备的前期，也可称为创业的“种子萌芽期”或“准备创业期”。在这个阶段，创业者主要做创业的自我探索和创业机会的探索。创业自我探索主要采用“照镜子”的方法，剖析自己是否具备创业的基本条件，如创业者必备的创业精神、创业素质与能力、创业动机和目的、创业资源等方面是否满足创业的条件。创业机会的探索分为两部分：①对创业环境进行探索，可从宏观的创业环境（社会与经济环境、宏观政策法规等）、中观的行业环境（行业与产业发展状况、趋势、竞争状况等）和微观的机会环境（具体创业项目的市场状况、竞争对手、产品服务分析等）探索创业是否可行；②对选择的创业项目进行市场调研和分析，通过市场小范围实测检验创业项目是否可行。总之，创业探索期是探索自己是否适合创业和探索创业想法是否可行。

（2）创业准备期

创业准备期是指在创业者已经决定创业并选定了具体可行的创业项目之后，落实创业的各种具体准备工作的阶段，是创业的前期。在这个阶段，创业者主要做创业规划、组建团队、整合资源、筹备创建企业等工作。创业规划是创业者基于创业项目，确定创业目标和思路，做出市场细分、目标客户分析、产品研发与生产、营销策略、销售模式、商业模式、团队需求、财务规划、风险分析等具体的创业计划。组建团队是指创业者根据项目情况和资源需求，寻找并确定创业核心成员的团队准备工作。整合资源是指创业者根据项目需求，做发掘、整合各种创业资源等方面的准备工作，以满足启动创业项目的基本要求。筹备创建企业是指创业者注册、成立新企业需要做的各种准备工作。总之，创业准备期是创业者做好创业实施各方面准备工作的重要阶段。

（3）创业生存期

创业生存期是指创业者创立企业并保证创建的企业生存下来的关键阶段。其中，创建企业比较简单，创业者可以根据自身实际，选择独创、合伙共创或收购企业等方式，按照法律法规相应规定和流程完成企业的创建即可。如何让新创企业生存下来，则没那么简单。一方面，需要创业者付出各种努力；另一方面，需要创业者研究企业生存期的特点，通过灵活有效的组织管理，让企业顺利渡过生存难关。对于创业而言，这一阶段是最艰难、最为关键的，只有保证了生存，才有企业的发展，才可能取得创业的成功。

（4）创业发展期

创业发展期，又称为企业成长期，是指创业企业生存下来后，逐步扩大市场和利润，形成品牌和竞争优势，逐渐成长并发展壮大的阶段。企业能够生存，并不意味着企业一定能顺利发展壮大。在这个阶段，创业者需要学习并运用企业管理的理论与方法，把企业经营管理好。在此阶段，创业者只有将自己的创业者的角色转变为成功企业家的角色，才能保证企业的成长和发展。

（5）创业收获期

创业收获期是指创业过程顺利，企业逐步发展壮大，创业者达成创业目标和收获创业成功的阶段。这一阶段，是创业者顺利实现创业梦想、获得心理满足和成就感、可以收获经济与利益回报的阶段。这一阶段，标志着创业过程的结束和新的起点，是创业成功的标志阶段。

5.1.3 创业与人生发展

1. 人生就是一场创业

孟加拉国经济学家、格莱珉银行的创始人、2006 年诺贝尔和平奖得主穆罕默德·尤努斯曾说过，人人都是创业家。随着社会文明的进步和科技的发展，人们往往忘却了自己就是创业者，压抑或忽略了自己的创业天赋和能力，大多把自己定位为普通就业者。

人生与创业具有相似的逻辑、阶段、特征和发展要求。人生发展的整个过程，是面对未来不确定性环境、不满足于现状、在一定资源条件约束情况下寻求发展机会、努力整合资源、通过创造价值实现人生理想与目标的过程，即人生发展的过程与创业过程在逻辑上是完全相通的。人生发展的过程与创业过程，都会经历探索、准备、起步、发展、成熟、衰退和退出等阶段，具有相似的发展历程。人生与创业都具有社会性、发展性、实践性、曲折性、价值性、风险性等共同特征。从发展要求方面来看，人生与创业都需要主体发挥其积极性、主动性和创造性，需要依靠个体的精神动力、优势能力、资源经验和努力付出，去捕捉机会，创造价值，成就属于自己的事业。

2. 精彩人生需要创业

一方面，新时代对劳动者的要求，不仅需要劳动者具有就业与职业素质能力，还需要劳动者具备一定的创业素质和能力，才能适应并保持岗位的发展要求，从而获得良好的职业生涯发展。劳动者需要具有就业与创业的双重素质能力，是经济发展、社会进步对劳动者的基本要求，也是人们获得良好自身发展的必然要求。

另一方面，需要充分发挥个人的创业精神去开拓进取，需要运用创业思维去对待工作和思考人生，需要以创业的行为方式去主动奋斗和参与竞争，才能博得人生的精彩与成功，赢得精彩而有价值的人生。360 公司创始人周鸿祎曾经说过，人生就是一场创业，需要颠覆式创新。我们要颠覆自我、拒绝平庸，突破阶层固化。新东方集团创始人、董事长俞敏洪认为，在“大众创业、万众创新”的新时代，人一辈子一定要有一次创业，否则人生会有缺憾。

3. 以创业来经营人生

成功的人生与创业一样，是需要经营的。我们可以把人生当作新创企业来经营，借鉴和利用创业的思维理念，可以更好地经营自己的人生。无论我们的职业是医生、律师、教师，还是工程师、公务员，为适应新时代的职业发展要求，我们要把自己当成真正执掌新创事业的创业者一样，运用创业者的思维与行动方式，发挥创业潜能，不断推进事业的发展，而这个“事业”就是自己的职业生涯。我们还要把自己当成创业企业的“测试版产品”，面对发展机遇和挑战，需要承认并认识自己的“缺陷”，迫使自己不断学习和成长，以获得持续的进步、完善和优化。

人生发展的不确定性、环境变化和限制决定了个体仅靠创业思维是不够的，还需要掌握经营人生的方法、工具和技巧，以有效积累并利用各种发展机会，获得并保持人生发展的竞争优势。例如，创业规划中的商业模式画布，可用来设计人生的发展规划。在人生规划的“商业模式”中，核心资源是指我们的兴趣、技能、个性及掌握的资源（我是谁，我拥有什么）；关键业务是指我们为他人或社会贡献价值的活动与方式（我要做什么）；客户群体是指我们的服务对象（我能帮助谁）；价值服务是指我们如何提供个人价值（我怎样帮助他人）；渠道通路是指如何让别人认同并获得我们的价值（怎样宣传自己和交付服务）；客户关系是指如何维护并扩大个人价值的服务对象（怎样和对方打交道）；重要合作伙伴是指支持人生发展的人脉（谁可以帮助我）；收入来源是指个人收益或收获（我能得到什么）；成本结构是指个人的付出（我要付出什么）。运用创业的方法和工具，有助于提升经营人生的效率和质量。

4. 创业人生需要规划

一方面，随着时代的发展和职业的变迁，个人职业生涯进入快速发展和变化期，传统职业生涯的发展路线已被淘汰或调整变革，要适应这种变化，我们需要树立构建个人独特价值、不断尝试的人生态度，运用创业导向的人生规划方法来规划职业生涯。创业导向的人生规划方法有两种——试错和学习，即在人生规划过程中，需要在实践中不断地尝试与试错，在实践试错过程中不断地学习和积累。美国著名思想家爱默生说过，人生就是一场实验，实验做得越多，成长得就越快。成长过程就是试错的过程，只有在试错的过程中，才能感悟、反思、自省、刻骨铭心，才能修正自己的言行。

另一方面，创业也需要人生规划。不做人生规划就选择创业是很危险的。如果创业者缺乏系统、合理的人生规划，没有厘清个人的生涯发展目标与创业的关系，往往会让自己迷失在创业的烦琐事务中，创业一段时间后，通常会发现自己不适合创业，或感觉创业并不能给自己带来期望的价值，在创业遇到困难时，创业者就无法获得足够的动力去坚持，最终造成创业失败。所以，创业者在创业前，要做好人生规划，确保创业选择符合个人的人生规划和发展目标。

【拓展阅读】

陈同学，女，艺术产品设计本科专业。大学期间在一个培训机构实习后，想利用自己的特长开办一个绘画培训辅导班。找到合适的店面、咨询好办培训辅导班需要有教师资格证的资质条件后，她找了一个有教师资格证但未考上某小学教师的同学合伙入股。她们把绘画培训辅导对象定为中小幼儿，装修完店面后就开始了发宣传单、张贴海报等前期宣传。最初，辅导班只有几个学员，但是她们教得很用心，用爱心和耐心打动了家长，而且学员介绍学员，使辅导班的生意越来越红火。

问题：陈同学的创业经历给了你哪些启发？

点评：创业需要勇气，同时更需要毅力、智慧和耐心，陈同学有了想法就大胆地去做，很有勇气。后来在开办过程中，她和同学又积极运用特长，同时结合学员特点，耐心教导，打动家长，并且学员介绍学员，最终创业成功。

5.1.4 创业应做的准备

1. 自我条件准备

创业者在决定创业前，首先要深入分析自我，将自己作为创业者，客观评估是否具备创业者应具备的基本素质与能力。如果还存在一些不足和问题，就需要找出弥补和解决的具体办法。同时，看看自己哪些方面还需要提升，通过各种途径和方法做好自我准备。一般来说，可通过以下几个方面进行检视并做好准备。

（1）创业动机和目标

创业者要探索并明晰自己的创业动机是什么，给出可说服自己创业的充分理由，即要明白自己为何要创业，希望创业给自己带来什么利益和回报。清晰准确的创业动机，不仅可以让自己明确创业的目的，而且有利于在遇到创业困难时，让自己坚守当初的创业选择，将创业活动坚持下去。另外，还要厘清自己的创业目标，确定创业目标是否具体、清晰和合理，尽量避免制定口号式、大而空且很难实现的目标。

（2）身体和心理准备

创业艰难，需要创业者付出长期而艰苦的工作努力。对于创业者而言，创业消耗其体力和心力。因此，良好的身心素质是创业者承受高强度创业工作及压力的基础和保证。创业前，创业者要多锻炼身体、多训练自己的心理素质，做好身体和心理的充分准备。

（3）胜任素质和能力

前文已经详述过创业者应具备的各方面素质和能力，创业者可以对照其分析自己的现有素质与能力是否能满足创业的要求，是否能胜任马上去创办企业。如果有些不足，可通过一些途径和方法快速提升。

（4）知识技能和才智

创业需要创业者具备多方面的知识技能，既包括一定的专业知识技能，也包括创业所需的行业职业知识技能。创业者在创业过程中，需要根据实际情况和遇到的问题做出决策，需要发挥个人的聪明才智，把握机会，做出正确决定。

（5）风险损失与代价

创业过程具有高度的不确定性和风险性。创业者在创业前，需要评估个人在财务、心理等方面的承受能力，明确自己在创业最糟糕的状况甚至失败的情况下，所能承担和接受的风险、损失和代价的底线。创业者在准备创业时，一方面要分析项目的可能风险和失败带来的后果；另一方面要提高个人的风险承受能力，做好两手准备。

2. 创业项目准备

创业者创业，必须有可行的、有价值的和具体的创业项目，即要做好创业项目的准备。

3. 创业资源准备

创业需要创业者具备一定的人才、资金、技术和场地等人、财、物方面的资源。创业资源要与创业项目相匹配，即至少要具备启动创业项目的必要资源。

4. 创业团队准备

创业活动需要由创业团队来完成。创业者可以根据具体创业项目的实际需求，分析需要的核心角色有哪些，是否已经具备，如果尚不具备，可通过哪些途径找到合适的团队成员。在创业前，创业者可以有意识地梳理并沟通可能合作的人，积累创业人脉。

5. 创业计划准备

古人云，凡事预则立，不预则废，意思是事先准备才能成功，不然就会失败。创业者在创业前要尽量规划好创业活动，梳理出清晰的创业思路，安排好各种创业事宜，计划好创业行动方案。

实训

实训一　创业精神小测试

（1）测试题

根据自己的第一印象，从下面的 4 道题目中选出符合自己情况的答案。

1）假设你面前有一瓶能预测未来的魔法药水，喝掉一整瓶就会知道自己一生所有的事情，你会（　　）。

A．一饮而尽　　B．只喝一点　　C．喝一半　　D．不喝

2）创业的定义是什么？你听到此问题的第一反应是（　　）。

A．马上翻书或看讲义

B．马上思考和回忆之前讲的概念

C．马上闪现某个熟悉的案例或创业领袖

D．马上想到身边的某个人、某件事、某个场景……

3）假如自己所在的小组因某人违规被罚，你会觉得（　　）。

A．无所谓，罚不罚与自己无关　　B．这人太可恶，连累了小组整体成绩

C．没关系，还可以共同努力　　D．一定要把被罚的赢回来

4）现在有以下 4 个创业机会，你会优先选择（　　）。

A．在学校门前开网吧，利润丰厚　　B．开办一家培训学校

C．开网店或微店　　D．成立一家帮助贫困生就业的公司

（2）分数统计

按以下选项的得分进行计分。

1）A=2　B=3　C=1　D=0

2）A=0　B=1　C=2　D=3

3）A=0　B=1　C=3　D=2

4）A=0　B=2　C=1　D=3

（3）结果说明

如果得分在 6 分以上，说明你具备基本的创业精神，可以通过学习和历练，开启自己的创业之旅；如果得分在 6 分以下，说明你比较欠缺创业精神，需要重视并通过各种途径不断地培养和提升。

【解读】

本活动是关于创业精神的小测试，通过测试学生可对自己目前是否具有创业精神有大致的了解，当然此结果并不是判断是否具有创业精神的唯一依据。

（资料来源：黄必义，2018. 大学生创新创业实训教程[M]. 北京：高等教育出版社.）

实训二 创业潜质评估

创业充满了诱惑，但并非每个人都适合走这条路。美国创业协会设计了一份测试题，假如你正想着自己“单挑”，不妨做下面的测试。

以下每道题都有 4 个选项：A. 经常；B. 有时；C. 很少；D. 从不。

1）在急需决策时，你是否在想“再让我考虑一下吧”？

2）你是否为自己的优柔寡断找借口说“得慎重，怎能轻易下结论”？

3）你是否为避免冒犯某个有实力的客户而有意回避一些关键性的问题，甚至有意迎合客户？

4）你是否无论遇到什么紧急任务都先处理日常的琐碎事务？

5）你是否非得在巨大压力下才肯承担重任？

6）你是否无力抵御妨碍你完成重要任务的干扰和危机？

7）你在决策重要的行动和计划时，常忽视其后果吗？

8）当你需要做出可能不得人心的决策时，是否会找借口逃避而不敢面对？

9）你是否总是在晚上才发现有要紧的事没办？

10）你是否因不愿承担艰巨任务而寻找各种借口？

11）你是否常来不及躲避或预防困难情形的发生？

12）你总是拐弯抹角地宣布可能得罪他人的决定吗？

13）你喜欢让别人替你做你自己不愿意做而又不得不做的事情吗？

计分：选 A 得 4 分，选 B 得 3 分，选 C 得 2 分，选 D 得 1 分。

分析：

50 分以上：说明你的个人素质与创业者相去甚远，需要加强学习和实践，培养创业素质。

40～49 分：说明你不算勤勉，应彻底改变拖沓、低效率的缺点，否则创业只是一句空话。

30～39 分：说明你在大多数情况下充满自信，但有时犹豫不决，不过没关系，这也是稳重和深思熟虑的表现。

15～29 分：说明你是一个高效率的决策者和管理者，有望成为成功的创业者，一旦有机会，不要错过。

【解读】

本活动用来测试学生是否具有创业潜质，不同的得分区间代表了不同的创业潜质，若得分越低，则创业潜质越明显。

（资料来源：佚名，2020. 测测你自己是否适合创业[EB/OL]. https://wenku.baidu.com/view/e1d793dbfbd6195f312b3169a45177232f60e4b8.html. 略有改动。）

5.2 创业思维

场景引入

5.2.1 创业思维及其特征

1. 创业思维

在这里，我们对创业思维给出的定义是：狭义的创业思维是指如何利用不确定的环境，从人们的难题与需求中发现或创造商机，用商业方法加以解决的思维方式；广义的创业思维是指运用商业的原理、方法和思维模式成就事业的一种思维方式。

创业思维作为应对不确定性的一种态度、一种解决问题的观念和方法，它强调识别机会并尝试利用机会，引导人们寻找独一无二的成功之路。创业思维的主要表现在以下几个方面：有了创意或想法，利用现有资源快速行动；根据可承受的损失而不是预期收益来决策与行动；在行动中主要采用“小步快走”、多次尝试、调整优化、不断接近目标的策略；在行动中不断整合资源、吸引更多的人加入进来；把行动中的意外事件看成“试验”“试错”，努力把其转化为优势或有利条件。

2. 创业思维的特征

创业思维具有以下几个特征。

（1）积极行动

具有创业思维的人，会积极地将想法付诸行动。有了想法就去做，他们不会考虑现在拥有的资源是否充分，而是认为自己就是最大的资源，立刻从已拥有或控制的资源开始，在做的过程中影响并吸引他人参与行动，不断发掘、整合并充分利用新的资源推进行动。他们认为，资源总会有的，有行动才能整合更多资源。

具有创业思维的人，不会考虑未来收益是否可控或投入产出比，而只考虑自己是否可以承受失败带来的风险损失，不会因未来收益或行动过程中具有不确定性而延迟自己的行动。他们认为，有效的行动是化解不确定性或风险的最好办法，没有行动，一切无从谈起。

具有创业思维的人，当面对资源约束和各种难题时，他们不是牢骚满腹，而是在创业思维方式引导下主动地、创造性地寻找问题的解决方案，思考新的发展机会。创业思维决定行动的成效，使具有创业思维的人在别人怨天尤人的时候观察，在别人说三道四的时候准备，在别人夸夸其谈的时候动手，在别人冷嘲热讽的时候坚持，最后在别人碌碌无为的时候成功。

（2）试验迭代

创业思维的核心是“有效推理”的应用。与“因果推理”为先设的特定目标寻求最佳实现路径不同，“有效推理”不是从具体的特定目标开始的。基于发展过程固有的不确定性，目标总是动态变化的阶段性目标，“有效推理”引导具有创业思维的人不断评估个人能力，选择当前可以实现的阶段性动态目标，根据目标实施过程中的新发现，不断调整目标规划，并驱动目标规划的实施。这种发现驱动思维为目标的动态选择和实施提供了实用工具，是不确定环境下应对风险的有效办法。

具有创业思维的人认为，不可能一开始就制订出系统完美而精确的可控计划，因为未来存在太多的不确定性和变数。他们喜欢在行动中学习和反思，认为“试验”才是最有效的思维与行动方式。在行动之前，要评估最坏的结果，然后采取小行动。他们会一边行动，一边反思，一边调整，逐步达到理想的状态与目标。

具有创业思维的人，会采取由近及远、由小到大、由简单到完美、由试验到实践的思维与行动方式。在达到总体目标的方向上，通过试验逐步摸索、验证与调整优化，不断迭代自己的解决方案，从而一步步接近“真相”与“完美”，步步为营，推进想法实现的良性循环与螺旋式上升发展。

（3）开拓创新

具有创业思维的人，不会去做简单复制和优化的事情，而是致力于寻求用新的方式创造最大价值的路径。这一点是与传统的管理思维最大的不同之处。管理思维是惯性思维，是基于现有确定性资源的优化配置，以提升资源利用价值、提高绩效和实现资源价值“从 1 到 N”增值为目标，是强化规则建立规范的思维方式。创业思维是创新思维，是充分利用有限的资源进行开拓创造，以构建全新的资源价值体系和实现“从 0 到 1”、从无到有为目标，是打破传统规则，重塑新标准、新体系的思维方式。例如，带领团队旅游的导游的思维与行动方式属于体验已知情景的管理思维，而探索无人涉足区域的背包客的思维与行动方式属于探索未知情景的创业思维。创业思维与管理思维的对比见表 5-1。

表 5-1　创业思维与管理思维的对比

项目	创业思维	管理思维
过程视角	在事物创建过程中应用，解决从 0 到 1 的问题，即突破问题。从 0 到 1 是一个质变过程，给出全新的解决方案或商业模式	在事物成长过程中应用，解决从 1 到 N 的问题，即生长问题。从 1 到 N 是一个量变过程，是对现有解决方案或商业模式的复制或优化
目标视角	在目标不确定、需要探索时，应用创业思维，通过实验，可以降低目标实现的风险	在目标确定、需要执行时，应用管理手段，通过计划，可以提高目标实现的效率
资源视角	从自己所拥有的资源开始行动。自己就是最大的资源，资源是创造性整合而来的，资源总是流向价值最大的地方	直到拥有资源时才开始行动，在实际行动前，要做预算，先进行资源储备，直到储备了充足的执行计划所需要的资源才开始行动
计划视角	采取小行动，小步快跑。具备创业思维的人是行动在前、在行动中学习，并逐步调整和改善	制订大计划，进行周密规划。具备管理思维的人在采取行动之前，要调研各种信息，制订周密的计划后再采取行动
结果视角	创造新事物。创新是整个思维的核心，探索新的问题、给出不同的解决方案、找到新的商业模式等，都属于创业思维	重复原有的事物或把原有的事物做得更好。复制或改良现有的产品或商业模式都属于管理思维

5.2.2 典型创业思维

1. 瀑布思维

瀑布思维以传统的方法而闻名，它最适合于客户已完善定义好的需求和期望的产品。瀑布思维方法依次经过需求、设计、研究、试验、完善和维护 6 个阶段的开发，如图 5-2 所示。

从图 5-2 中可以看出，完成一个重要节点（里程碑）后再到达下一个。瀑布思维始于理解围绕需待解决问题的上下文环境，从而明确其解决方案必须存在的边界。首先考虑的是产品本身的理论设计，其次是原型和测试，最后考虑的是持续的维护和客户服务。例如，某项目领导者坐下来与企业客户直面交流，并就项目的需

求达成一致意见。然后，他们指导设计团队制订计划，这些计划是原型化的和需要测试的。接着，调整设计，优化原型，并进行更多的测试，直到产品推出。后期，客户服务人员会密切关注问题和正在进行的维护。

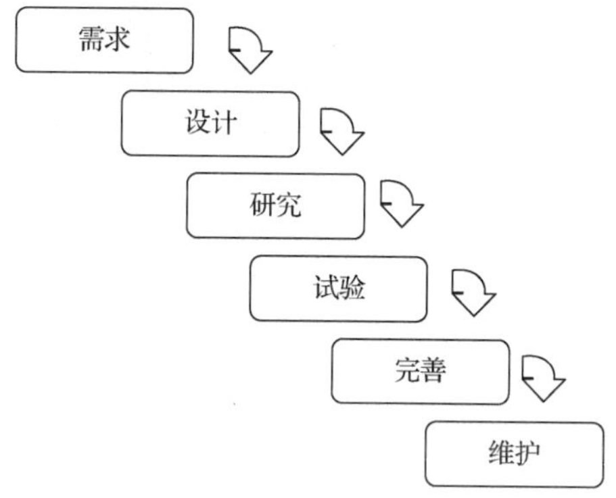

图 5-2 瀑布思维方法

2. 精益创业思维

精益创业思维方法是帮助创新者专注于一个有规律的管理过程，它通过循环围绕 3 个核心原则（构建、度量和学习），将一个想法转换成产品，如图 5-3 所示。这个过程首先通过一个基本的、不完善的最小可行产品（minimum viable product，MVP）来解决这个问题，然后开发团队可以在内部和外部对目标客户进行测试，并反馈到新一轮的改进、测试和反馈。很快，该产品就在不断上升和扩大的螺旋中上升，使其以更好的技术展现于更多的客户。

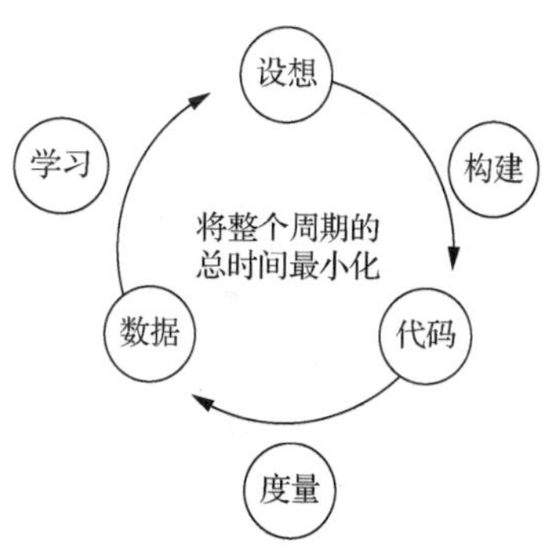

图 5-3 精益创业思维方法

例如，一旦一个产品的想法被制定出来，构建团队就会把一个粗糙的 MVP 放在一起，并将它交给一个预定小组的客户。基于对 MVP 的潜力测试和反馈，构建团队重新构建或改进 MVP，并提供给另一轮的测试和客户反馈。最终，产品的早期版本在 Beta 测试人员中获得了动力，他们的反馈定义了未来需要增强的方向。

3. 设计思维

设计思维是一种以人为本的解决复杂问题的创新方法，它利用设计者的理解和方法，将技术可行性、商业策略与用户需求相匹配，从而转化为客户价值和市场机会。设计思维是一种方法论，用于为寻求未来改进结果的问题或事件提供实用和富有创造性的解决方案。它不是从某个问题入手，而是从目标或者要达成的成果着手，然后通过对当前和未来的关注，探索问题中的各项参数变量和解决方案。图 5-4 为设计思维方法过程。

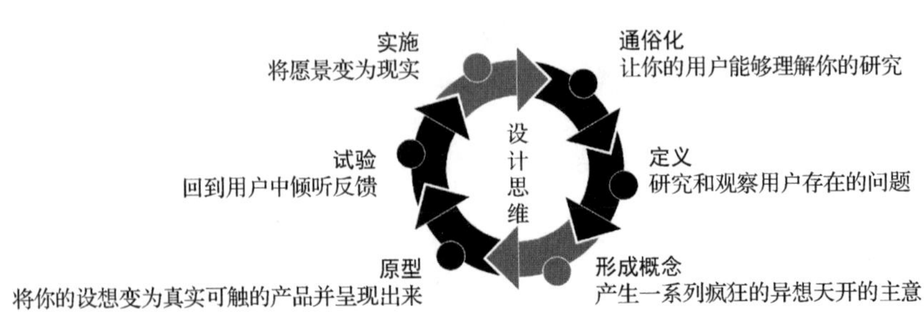

图 5-4 设计思维方法过程

4. 创造思维

无论是 20 世纪初福特公司向家庭推广的汽车，还是 21 世纪初乔布斯推出的苹果系列产品，都是在创造需求。创造需求就是把人们潜意识的、模糊不清的需求有意识化、现实化，并通过营销满足消费者。

苹果公司在产品设计开发中一直致力于为客户创造需求，让用户使用苹果手机就像用计算机上网一样方便。在电子数码产品纷纷打折、行业利润每况愈下的“红海”市场，苹果公司成功地“创造”了需求，开辟了一片属于自己的“蓝海”。

5.2.3 用创业思维规划人生

面对同一件事情，每个人的做法不尽相同，做法不同的根本原因还是人的思维模式不同。学习创业，并不是为了让每个人都去创业，而是帮助人们站在时代最前沿的思维层面去面对未知世界，这种思维是面对未来重要的“资本”。未来也许方向尚不明朗、计划暂时失效、风险不可预测、结局很难预估、任务无法独立完成，个体为了生存，就需要适应快速变化的社会，并且不断在其中转化角色和方向，随时在危机与挑战中创造新的机会与可能，这就是创业思维。

创业思维不仅能帮助人们更好地创业，还能帮助人们规划和经营自己的人生。每个人都在寻找自己的方向，其实创业和生活的本质是一样的。企业和个人也一样：需要找到存在价值，找到安身立命之本，需要遵循一定的规则，需要融入社会大环境。我们要学会运用自己学到的创业思维来分析自己的学习和职业生涯，规划好自己的人生之路。

1. 创业导向的人生规划

（1）人生发展的五个层次

1）完成各项工作任务。任务通常是指交派的工作，担负的职责、责任。如果只是一个简单的单项任务，就只需要安排好时间去落实，单项工作任务应该不要打乱其他工作任务，或者按重要性和时间期限合理安排好完成的期限。如果是一个较复杂的工作任务，就需要制订书面任务完成计划，有步骤、有节点、有检查地顺利完成相应任务。从组织的视角来说，工作就是由一系列任务的集合构成的，完成组织交派的各种任务，是做好工作的基础。

2）做好本职工作。做好本职工作是每一个优秀员工应该具备的基本素质之一。在实际工作中，往往有很多细枝末节的小事需要一一处理。对于刚刚走出大学校园、步入工作岗位的大学生来说，作为基层工作人员从本职工作做起、从小事做起，是积累工作经验、充实自我阅历的奠基石。只有做好这些基层的本职工作，才能在处理日后的各项工作事务中驾轻就熟，从而促进职业生涯的发展。对于立志创业的大学生来说，更应该做好本职工作。创业者要了解和参与创业的全过程。很多创业者有这样的体会，既要和设计师讨论产品，又要和销售人员开拓市场，和供应商讨价还价，去仓库搬货、卸货，哪怕有一件事情没有做好，都会给新创企业带来巨大的风险。

3）实现职业生涯发展。职业生涯发展是人生成功的重要途径之一。首先，职业提供了经济基础。大学生刚参加工作时，往往工资待遇不高，而此时大学生最需要的恰恰是工资，用工资解决自己的生存问题就是最大的成功。根据马斯洛的需求层次理论，正是职业解决了温饱问题和生活后顾之忧以后，人们才能有更多的精力实现自我。其次，职业生涯发展实现了人生价值。因为职业承载了较多的社会评价，所以个体在职业期的工作情况是人生阅历中最丰富、最重要的组成部分，而且往往是在年富力强的青壮年时期做出了突出的成绩，为社会做出了巨大贡献。不管是作为员工从基层开始一步步做到部门经理甚至公司合伙人，还是作为创业者从小公司老板做到大公司董事长，都体现了职业生涯发展对人生的重大促进作用。

4）取得事业上的成功。取得事业上的成功，对于个人而言，能够帮助个人积累财富，满足个人对物质的追求欲望，物质财富是个人和家庭幸福的基础。事业成功能够使个人有机会和有实力回馈社会，收获巨大的成就感。对于社会而言，取得事业上的成功可以增加社会财富，促进经济发展和社会繁荣。

5）过好这一生。过好这一生，是人生发展五个层次中的最后一个，也是最高的一个。不管是选择就业，在职场上努力工作，完成一个个看似不可能的任务，取得职业生涯的快速发展，还是选择创业，和朋友、爱人胼手胝足地打拼，取得事业上的成功，其最终目的都是为了拥有一个精彩的人生。

（2）创业导向的人生态度

1）职业精神。

职业精神是与人们的职业活动紧密联系，具有职业特征的精神与操守，它由职业理想、职业态度、职业责任、职业技能、职业纪律、职业良心、职业信誉、职业作风等基本要素组成。

有职业精神的人在工作中的表现有以下几点。①顾全大局。一个员工固然需要精明能干，但再有能力的员工，不以企业利益为重仍然不能算一名合格的员工。一个只知道一味追求私利的人，只会给企业带来负面影响。②有执行力。执行力就是每个人在每个阶段、每个环节都力求完美，都要一丝不苟地切实执行。作为一名员工，需要从多方面下功夫提高个人的执行力。③追求卓越。职场中每个人都应该对自己提出更高的要求，不断地进步，追求卓越。

2）创业精神。

创业精神是一个创新的过程，在这个过程中，新产品或新服务的机会被确认、被创造，最后被开发并产生新的财富创造能力。也就是说，创业精神的本质在于创新，在于为消费者创造出新的满足、新的价值。

创业精神是创业者在创业过程中的重要行为特征的高度凝练。创业精神的内涵主要包含以下 4 点。

① 创新精神。德鲁克认为，企业家精神中最重要的就是创新。创新是创业精神的灵魂。创业活动中的创新包括产品创新、技术创新、市场创新、组织形式创新等。创新被认为是表现创业精神的具体化。创业者具有创新精神，才能创建新颖、独特的企业，并保持一个企业的特色和可持续发展。

② 冒险精神。在创新过程中不可避免地要遇到挑战和承担风险，所以创业精神的内涵必然包括承担风险和挑战不确定性的冒险精神。冒险是创业精神的天性，没有敢冒风险和承担风险的魄力，就不能成为创业者。无数创业者的经历证明，创业者虽然生长环境、成长背景和创业机缘各不相同，但无一例外都是在诸多不确定性因素条件下敢为人先，勇于创新的实践者。

③ 合作精神。单枪匹马可以成就一番事业，但是团结任何有利于成功的力量，则成功的概率会更大。在创业精神中，个人英雄主义并不能占主导地位，反而团队意识、合作精神是其价值核心。合作是创业精神的精华。社会发展到今天，行业分工越来越细，没有谁能一个人完成所有创业需要完成的事情。真正的创业者善于合作，能将合作精神扩展到企业的每个员工。面临困境时，团队成员能团结一心，奋力拼搏。将不同的人组合到一起，开发其各自的优势资源，从而达到利益最大化的合作过程，也是创业精神的一个重要体现。

④ 坚持不懈。创业者首先是一个从业者，如果没有一种对于事业执着追求的敬业精神，那么如何能够迎接创业的挑战呢？执着是创业精神的本色。创业的过程必然伴随着各种艰辛和曲折，因此创业者必须坚持不懈、咬定青山不放松。创业实践表明，只有信念坚定者，才能在创业中生存下来。

3）用心生活。

创业不仅仅是开公司当老板，更是人们面对生活的一种态度，是一种生活方式。每个人都在生活，用心生活其实也是一种创业。

在“大众创业、万众创新”大潮下，很多人选择创业，尤其是大学生创业更是成为当代潮流。大学生通过自主创业，可以把自己的兴趣与职业紧密结合起来，做

自己最感兴趣、最愿意做和自己认为最值得做的事情，在五彩缤纷的社会舞台中大显身手，最大限度地发挥自己的才能。当然，更多的大学毕业生选择的是就业。但即便是就业也应该用创业的心态去工作，一个公司内最优秀的、不可替代的员工，一定会把公司的每一件事都当成自己的事，以创业的心态打工，在心态上把公司当成自己的，不仅是为了薪水和企业工作，也是为自己的目标、自己的梦想而工作。

创业不一定是自己真的去创办一个企业。创业是一种人生，是一种态度，是一种经历，是一种精神。在任何环境条件下，通过众多可能的形式或方式，一个人总能在这个世界上闯出一片展现自己独特个性、人格、能力和魅力的新天地。

2. 创业导向人生规划的设计工具

商业模式画布不但能描述企业的商业模式，还能描述个人的人生发展规划，如图 5-5 所示。借用商业模式画布来进行人生发展规划的设计，是创业思维在人生发展中的应用。在运用商业模式画布设计人生规划时，要注意变换目标主体和各模块的内涵与外延。例如，在人生规划“商业模式”中，核心资源是自己，包括自己的兴趣、技能、个性及掌握的资源，而在创业项目或创业企业的商业模式画布中，核心资源的范围通常更为广泛，包括资金资源、技术资源等其他资源；人生规划“商业模式”通常要考虑无法量化的“软”成本（如工作压力）和“软”收益（如满足感），而创业项目或创业企业的商业模式通常只考虑货币化的成本和收益。

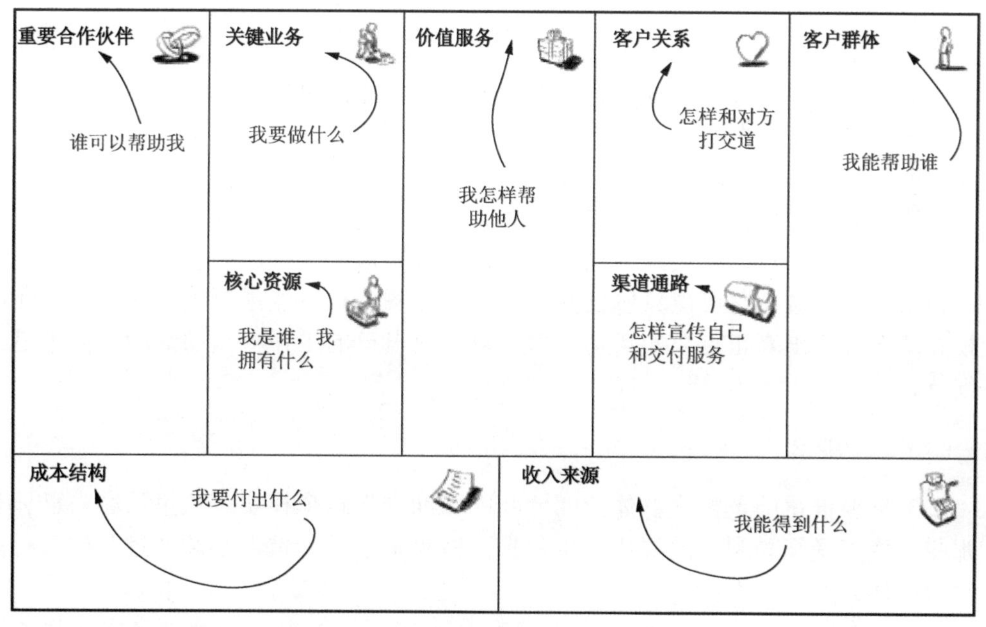

图 5-5 商业模式画布（个人版）

下面介绍在运用商业模式画布设计人生规划时，如何换个角度来绘制画布中的九大模块。

（1）核心资源

核心资源主要有两个方面：①“我是谁”，具体包括个人的兴趣、技能和个性；②“我拥有什么”，具体包括个人的知识、经验、人际关系及其他有形和无形的资源或资产。

兴趣是指那些能让人感到兴奋的事物，这是最宝贵的资源，因为兴趣是产生职业满足感的动力。可以在商业模式画布中的“核心资源”中列出最感兴趣的方面。

技能也是一大资源，它包括两个方面：能力与技术。能力是指人与生俱来的天赋，即做某些事情比别人感到轻松，如空间感知能力、人际沟通能力、机械应用能力等。技术是指后天习得的能力，通过大量实践和学习达到熟能生巧的程度，如护理、财务分析、建筑施工、计算机编程等方面的能力。

个性是体现人内在个人特征的因素，也是一项资源。可以试着描述一下自己是什么样的人，如情商高、勤奋刻苦、性格开朗、遇事冷静、镇定自若、深思熟虑、精力充沛、关注细节等。

当然，“我是谁”这个命题包括的不只是兴趣、技能和个性这 3 个方面，它还包括价值观、智力水平、教育程度、人生目标、人脉资源等诸多内容。

最后，可以列出有利于职业发展的个人有形资产，如车辆、工具、服装，以及可用于职业投资的存款或实物资产等。

（2）关键业务

在描述这个模块时，可以试想日常学习生活中经常做的事情。需要注意的是，关键业务是指为雇佣自己的单位贡献的体力或脑力活动，而不是实施这些活动所创造的更重要的价值服务。

尽管如此，在描绘个人商业模式画布时列举特定的工作任务仍是一种非常直接的方式，它能帮助自己更加深刻地思考个人价值的定位与目标追求。

列出工作任务，它可能只包括两三项关键业务，也可能涉及更多的内容。在商业模式画布中列出真正重要的活动，即足以说明自己的工作特点的活动，而不是具体细节。

（3）客户群体

接下来要描述的是客户群体，即“我能帮助谁”这个模块。这里的客户群体是指那些付费享受某种利益的群体，也包括那些免费享受利益但必须通过其他人付费补贴的群体。

作为个体，个人的客户或客户群包括企业内部依靠自己的帮助来完成任务的人（如果是自雇型就业，可以把工作地点视为企业环境）。因此，企业领导及其他向自己支付报酬的人都在此列。他们授权组织机构支付费用，属于客户群体当中的一类。

换个角度再思考一下：自己在未来工作中扮演的是什么角色？是否在企业内部为他人服务？是否直接面向某个群体提供自己的价值？谁会从自己的工作中获益？例如，购买或使用企业产品或服务的顾客或公司，自己是否需要直接和他们打交道？是否需要和公司的重要合作伙伴打交道？即使没有直接联系，他们也是企业的客户。这些人虽然并不给自己发工资，但自己的工作表现及能否继续工作下去的原因恰恰取决于为他们服务的质量。

最后，试想自己的工作会给哪些更大的群体带来好处。这些群体可能是几个社区或几座城市，也可能是通过共同的商业、职业或社会纽带联系在一起的人群。

（4）价值服务

价值服务，即“我怎样帮助他人”。理解关键业务如何为客户带来价值服务非常重要，这是描述个人商业模式的基础。这个模块是思考个人职业生涯时最重要的概念。

在定义这个模块时，可以问自己两个问题：客户请我完成什么工作？完成这些工作会给客户带来什么好处？

（5）渠道通路

渠道通路，一方面是指个人宣传营销自己，让别人（用人单位）了解并认同自己的价值；另一方面是指个人通过什么方式或载体把个人工作的价值传递给别人。

这个模块可以通过以下几个问题进行思考。

1）潜在客户怎样才能知道自己能帮助他们？

2）潜在客户怎样才能决定是否购买自己的产品或服务？

3）潜在客户怎样实现购买？

4）自己怎样交付客户购买的产品或服务？

5）自己怎样保证满意的售后？

渠道通路关注的是向客户交付产品和服务的方式，它的描述很简单，可以提交书面报告、当面沟通、产品方案、演示推销或进行实物交付等。

按照上述问题进行描述，渠道通路这个概念的内涵就扩大了很多，它还包括怎样让潜在客户发现自己和自己的价值服务，如通过口碑、博客、讲座、销售拜访、微信等来发现。

（6）客户关系

自己和所服务的客户群体是怎样打交道的？是面对面的沟通还是直接沟通？如何建立合作关系？如何维系并巩固这种关系？如何寻找新的客户？如何扩大客户群？如何发挥客户关系的价值？

在客户关系模块中写下上述问题的答案。

（7）重要合作伙伴

重要合作伙伴是指那些支持自己的工作与个人发展，帮助自己实现职业生涯发展的人。他们能为自己提供行为动机、良好建议和成长机会，以及完成某些任务所需的其他资源。重要合作伙伴包括工作中的同事和导师、职业圈内的成员、家人、朋友和专业顾问等。可以在重要合作伙伴模块中列出他们的名字，以后再慢慢调整与丰富他们。

（8）收入来源

写下收入来源，如工资、合同费或专业服务费、股票期权、版税及其他现金收入。此外，这个模块还可以添加收益内容，如健康保险、养老金、学费补助等。随着自己对个人商业模式的认识逐渐深刻，以后还可以加入一些“软”收益，如满足感、成就感和社会贡献等。

（9）成本结构

成本是指在工作中的付出，包括时间、精力和金钱。可以在这个模块列出无法返还的硬成本，如培训费或学费，交通费或社交费，车辆、工具或服装费，在家或单位工作时必须个人承担的互联网费、电话费、运输费、水电费等。

此外，成本也包括实施关键业务或重要合作导致的压力感和失落感，这些计为“软”成本。

3. 创业导向的人生规划方法

设计人生规划的目的在于充分、有效地使用时间，并使人们的人生充满更多的幸福和欢乐。人生规划的制订应以创业导向思维方法为基础，以“失败的可能性极大，先试着干干再说”这样的思维理念制订人生规划更接近现实，更有效率和效果，也更容易迈开人生发展的第一步，成功的可能性也会更大。

创业导向的人生规划方法主要有两个——试错和学习，即在人生规划过程中，需要在实践中不断地尝试与试错，在实践试错过程中不断地学习和积累。

人生就是一场实验，实验做得越多，成长得就越快。成长过程就是试错的过程，只有在试错的过程中，才能感悟、反思、自省，才能修正自己的言行。对于创业者而言，试错更为重要，因为创业都面临极大的风险和困难。对于大学生创业者来说，他们可能会经验不足，但是试错的成本更低，失败了很容易重新来过。大部分时候，创业者的每一个想法，都需要经过不断的改变和试错，最终才能获得市场的认可，很少有创业者的第一个想法一次实践就获得成功的。当然试错需要成本，成长的过程就是不断减少试错成本的过程，让试错成本控制在自己可以承受的范围内。

如果只有试错而没有学习，那试错只能是对时间和资源的浪费。只有通过学习和反思，试错才能体现出价值，同时学习的过程也在不断试错。对于大学生创业者而言，要尽快从失败的案例中总结经验和教训，学会沟通、管理、营销等诸多技能，从而最终创业成功。

 实训

实训一 创业思维练习

按表 5-2 中的序号依次填写问题答案，注意创业思维的运用。

表 5-2 创业思维训练

1．你所拥有的资源 你是谁？ 你认识谁？ 你知道什么？	2．你可以接受的损失 为了实现想法，你愿意放弃哪些（时间、头衔、金钱、其他机会等）？
3．团队组建 你可以邀请谁和你一起去实现想法？	4．行动计划 你要做的关键事件及时间节点。

【解读】

在回答表 5-2 中的问题时，需要利用创业思维方式回答。

实训二 用创业画布做人生规划

根据创业导向人生规划的设计工具，结合自己的实际，按照下面的人生规划画布深入思考，将结果填在画布中。

<table>
<tr><td rowspan="2">我是谁，我拥有什么</td><td>我要做什么</td><td rowspan="2">我怎样帮助他人</td><td>怎样宣传自己和交付服务</td><td rowspan="2">怎样和对方打交道</td></tr>
<tr><td>我能帮助谁</td><td>谁可以帮助我</td></tr>
<tr><td colspan="2">我要付出什么</td><td colspan="3">我能得到什么</td></tr>
</table>

【解读】

此画布为商业模式画布的改造版，通过回答画布中的 9 个问题为自己的人生做规划，在回答问题时同样需要运用创业思维。

5.3 创业类型

场景引入

5.3.1 创新型创业

1. 创新型创业的类型

（1）观念创新

随着我国国民经济收入的增长、教育文化程度的提升、城镇化发展的加快，我国社会的消费观念也发生了巨大改变，传统的创业盈利模式已经不能满足大众化的消费需求，新的创业盈利模式随之出现。产品同质化、普遍化条件下的消费者更注重细微化、个性化的消费，对于服务也更为挑剔。高校创新型创业的前提条件是将消费观与创业观建立在学生群体这一视域下，打破传统的商业运营观念，创新盈利模式，简化盈利流程。高校创新型创业引入创新的观念，充分对创业进行创新变革，整合资源与信息，拓展和拓宽创业渠道，将创业平民化、微小化、互联网化、简单化，提供多层次、多方面的服务。

（2）技术专业创新

“科学技术是第一生产力”，专业技术的科学研究创新是高校创新型创业最具竞争力的优势。高校创新型创业的主体依托高校独特的技术专业特点，依靠高校特有的学科技术科研背景，在特有领域开发创新，将高校科研技术应用到创业中。高校技术创新型创业是指研究与发展专业技术，通过高校这一平台，将创新专业技术与生活相结合，改善生活中的原有技术，拓宽生活体验，提升生活的舒适性与便捷性，拓展专业的实践运用，使科学研究适用社会创业。新技术在生活中的应用使新技术的创新更能贴近需要，促使技术的科研导向贴近实际，从而产生更多的社会经济价值。

2. 大学生创新型创业支持

大学生创业是高校创新型创业的导向，国家大力扶持大学生创业，出台了一系列措施，如鼓励开展大学生创新创业大赛、提供创业基金和免息低息贷款、创业初期免收或减少缴纳所得税等。高校也为大学生创业提供了诸多创业支持，如开设创业指导课程、建立大学生创业孵化基地等。这些措施一方面拓展了人学生创新创业的思维，为大学生创业提供了系统支持；另一方面，使大学生创业相对于社会创业的商业企划和运营流程更加完善，更加有利于大学生创业的发展和普及。大学生创业的支持措施为大学生创业群体建立了一个创业体系，使创新的想法与思维可以与大学生创业系统相辅相成，更容易将想法变为行动。

3. 依托互联网的创新型创业

互联网发起的变革已经深深影响了人们生活的各个方面，改变了传统的消费购物习惯，成为高校创新型创业的信息网与销售网。依托互联网，创新更具有前瞻性与突破性。如今，互联网大数据时代已经来临，强大的搜索引擎与海量数据资源使创新有了最为基础的土壤。互联网带来了全新的思维与理念，成为高校创业的催化剂，基于互联网平台，可以找到需要的创业、商业信息，使创新渠道更加多样化与层次化。高校创新借用网络信息平台，不仅使创新思维起到扩散作用与带动效应，引起连锁反应，而且使创新思维演变成可靠的创业项目。

5.3.2 高新技术创业

高新技术创业是指专门从事前沿高科技、新技术的研发、服务或运用高新技术进行新产品的生产、销售和技术服务等的创业项目，如移动通信、大数据、云计算、物联网、新能源、新材料、生物医药、航空航天等领域的创业。高新技术创业具有知识密集、资本密集和技术密集等特征。高新技术创业要求研发的产品所运用的主要技术必须是该技术领域的前沿工艺或突破性技术，具有创业技术门槛高、产品研发与孵化周期长和竞争壁垒高等特点。目前，这种类型的创业主要集中于新信息技术、新生物技术和新材料技术三大领域。高新技术创业在国民经济和国际竞争中的地位至关重要，政府颁布了很多扶持高新技术创业的优惠政策。

5.3.3 社会创业

1. 社会创业的含义

（1）不以追求经济利益为目标，而以解决社会问题为导向

社会问题的存在是社会创业存在的前提和土壤。社会创业源自发现一些未被解决的社会问题或者没有满足的社会需求。“解决社会问题”是社会创业者的使命和终极目的。他们为解决社会问题而创造的产品或服务是直接与他们的使命相关的。

（2）具有显著的社会目的和使命，追求经济回报是次要目标

与商业创业相比，利润（经济价值）虽然也是社会创业的一个目标，但已不是主要目标，利润是被再投入于使命之中而不是分配给股东。经济价值是社会创业的副产品。创造与使命相关的社会价值的多少（而不是利润）是衡量一个社会创业者成功的主要标准。

（3）问题解决方式的创新性，引入商业化手段

社会创业从根本上说要创造新的价值（主要是社会价值），而不是简单地复制已经存在的组织或模式。因此，社会创业者或组织需要进行创新和变革，发现新问题，开发新项目，组建新组织，引入新资源，通过跨界合作和商业模式的创新，有效地解决各种社会问题。

通过对社会创业内涵的分析，我们可以给社会创业下一个简单而又容易理解的定义：社会创业就是创办一家社会企业或一个机构、组织，运用商业化的运作模式，解决社会问题或满足社会需求，实现经济价值和社会价值的双重创造。

2. 社会创业的领域

（1）就业促进领域

就业促进领域的社会创业旨在促进社会弱势、边缘人群就业，其社会使命不仅在于帮助劳动力市场上处于弱势地位的人群获得相对稳定的就业，而且在于扶助弱势人群通过就业实现社会整合。

（2）社会照料领域

社会照料领域主要包括老人、儿童、残疾人、学习困难人群的日常照料服务。在我国，随着社会福利体制逐步向市场化、民营化转型，由于政府政策的持续鼓励与支持，出现了大量民营福利机构。以养老服务为例，从20世纪90年代开始，各类社会办养老院在全国发展迅速，在许多大城市中成为重要的养老服务提供者。在社会办养老院中，存在一些由民间力量投资和管理、通过市场化经营获得收入的非营利组织，如天津鹤童老年福利协会。

（3）乡村振兴领域

乡村振兴领域创业与其他创业项目相比，门槛相对较低、发展需求大，有利于大学生实现自己的抱负与理想。与城市相比，乡村具有低收入群体较多、教育相对落后、资金缺乏活力、村民之间联系较为密切等特点，因此，在这种特殊的环境下，社会创业在乡村落地生根，并发展成为乡村振兴的重要推动力之一是非常必要的。

（4）医疗领域

近年来，我国的医疗保障体系也逐步趋于民营化。目前，尽管国有医疗卫生机构仍占绝对优势，但是非政府性的医疗卫生服务提供者也发挥着重要作用。在医疗机构民营化的过程中，为了防止医疗卫生机构的过度商业化，近年来政府不断推动非营利性医疗卫生机构的发展。例如，2018年，国家发展改革委会同有关部门发布了《关于优化社会办医疗机构跨部门审批工作的通知》，简化了部分医疗机构设施消防设计审核和验收，建筑面积在300平方米以下或投资30万元（或省级住房城乡建设主管部门确定的可以不申请办理施工许可证的限额）以下的医疗机构设施，不需要办理消防设计、竣工验收备案手续。

（5）教育领域

在相对贫困地区和部分少数民族地区，普及义务教育依然面临一些难题。例如，在相对贫困人口密集的地区和少数民族广泛分布的西部地区，长期以来，义务教育适龄儿童的入学率低于全国平均水平。经济发展相对落后、地方财政困难及教育投入不足是造成有些地区义务教育普及率低的主要原因。作为对这些问题的回应，一方面，旨在发展贫困地区基础教育的慈善公益事业发展迅速（如“希望工程”“春蕾计划”等）；另一方面，政府开始积极推动教育机构民营化，民办教育机构明显增长。

实训

实训一　创新型创业机会

1）头脑风暴。思考未来的趋势，即思考未来 5 年、10 年、20 年内产品和服务的发展方向，包括世界资源的再平衡、移动设备、随时随地的三维通信、全息印刷、机器人等。然后全部一起生成一个趋势列表。

2）每个小组从趋势列表中选择 3 个趋势，讨论这些趋势会如何影响顾客细分和顾客关系、产品或服务设计，以及组织业务流程的新方法（如产品和服务的分销），从而发现机会空间，最终开发出小组的未来世界蓝图。小组需要在纸上把自己的未来情境描绘出来。

3）各小组汇报本组的 3 个趋势、未来情境及如何利用新兴趋势和机会空间。

4）反思自己为未来而创造时的感受，理解“是趋势创造了市场”的含义。

【解读】

本活动需要学生运用头脑风暴法，从创新型创业的角度寻找创业机会。

（资料来源：李莉，陈建华，2014. 创业管理实务[M]. 北京：电子工业出版社.）

实训二　列举社会创业项目

想一想，或通过网络搜索，说一说你知道哪些社会创业项目，并分析这些项目解决的问题或用户的痛点是什么？

【解读】

本活动需要学生在了解社会创业项目类型的基础上，结合调查实际，找到合适的社会创业项目。

思考与检测

一、单项选择题

1．下列选项中，不属于创业思维特征的是（　　）。

A．积极行动　　B．开拓创新

C．实验迭代　　D．常规系统

2．创业的第一个条件，就是要有（　　）。

A．众人相助　　B．强烈的欲望

C．充足的资金　　D．平和的心态

3．认为创业就是创办新企业的观点是（　　）的创业观点。

A．正确　　B．错误

C．广义　　D．狭义

4．下列关于大学生创业意义的说法中，错误的是（　　）。
A．有助于实现人生价值
B．有助于培养艰苦奋斗的作风
C．有助于养成创新精神
D．将会增加国家就业压力

5．人们对创业形成了不同的理解，下列说法中错误的是（　　）。
A．创业是创业者及其团队为了孕育和创建新企业或新事业而采取的行动
B．创业是创业者及其团队在开展创业活动中的抱负、执着、坚韧不拔与创新等品质
C．创业是一个创造财富的过程
D．创业是一个能实现社会价值、不能实现自我价值的过程

二、填空题

1．杰弗里·蒂蒙斯提出的三大创业要素是________、________和________。

2. 创业阶段可分为 5 个阶段，分别是________、________、________、________、________。

3．典型的创业思维有________、________、________、________。

4．创业类型包括________、________、________。

5．社会创业的领域有________、________、________、________、________。

三、思考题

1．大学生创业需要做哪些准备？

2．创业者应该具备哪些特质？举例说明你了解的创业成功者，并说明理由。

课外实践

寻找创业榜样

选择你最想了解的 1～2 个创业者和企业，可以是你心目中的典范或仰慕的榜样，也可以是你所知甚少但非常想了解的，以小组为单位，对其进行采访后撰写一篇专题报告（约 1000 字）。内容包括采访时间、地点，被采访者姓名、年龄、性别、创业动机、经历，如何发现商机、成功的关键因素、创业中遇到的困难及解决对策、特有的个性和品质、获得的外部帮助有哪些等，重点是创业者的经验、体会、教训等。

各组学生在进行采访时要与创业者合影，并把采访的最深感受与心得制作成课件在课堂中与大家分享。

鼓励学生以视频或电子杂志的形式完成本次作业。

本章要点

• 一般认为，创业机会是创业活动的核心要素，创业的核心是发现、识别与开发商业机会，利用机会去实施创业。

• 创业思维狭义上是指如何利用不确定的环境，从人们的难题与需求中发现或创造商机，用商业方法加以解决的思考方式。典型的创业思维有瀑布思维、精益创业思维、设计思维、创造思维。

• 创业的类型有创新型创业、高新技术创业和社会创业。

第6章 创业实务

本章导读

重点难点

了解创业项目的选择与评估、创业融资渠道，认识创业团队的重要性，掌握创业计划书的撰写方法和路演技巧，熟悉创立企业的流程；评估创业项目、撰写创业计划书和掌握路演技巧。

目标与要求

◎ 了解创业项目评估要素。

◎ 了解设计商业模式的思路和方法。
◎ 认识创业团队。
◎ 了解创业融资渠道。
◎ 掌握创业计划书的撰写方法和路演技巧。
◎ 了解创立企业流程。

关键知识点

创业实操环节中必要的创业项目选择、商业模式设计、创业团队组建和创立企业流程。

6.1 创业项目与商业模式

场景引入

6.1.1 寻找创业项目

1. 未被解决的问题与未被满足的需求

创业的根本途径是解决顾客的问题与满足顾客的需求。创业者可以通过寻找自己和他人未被满足的需求或生活中遇到的问题与难处，在需求和问题中发现创业机会。人们在学习、工作与生活中遇到的困境、难题，一些不协调现象和意外事件，某方面的特殊需要和问题瓶颈，往往都蕴含着创业机会。如果能解决前述这些问题，创业者往往就能找到适合自己的创业机会。例如，某毕业生发现很多高校的新校区建在远离市区的偏远郊区，师生往返市区十分不方便，于是就萌生了创办客运公司的想法。这是通过发现问题和需求，进而找到创业机会的典型案例。

哪里有抱怨，哪里就有机会。每一个问题与“痛点”需求都是一个机会。很多行业产业的兴起与发展都源于人们生活的“痛点”，如很多商务人士嫌豪华酒店太贵，而普通旅馆安全卫生又没有保障，于是如家、汉庭诞生了；人们感觉坐出租车难，于是出现了滴滴；人们没有时间逛超市和商城，买东西耗时费力，于是有了淘宝和京东等。

2. 社会发展趋势与市场环境变化

创业机会的本质来源于变化和创新。德鲁克将创业者定义为那些能“寻找变化并积极反应，把它当作机会充分利用起来的人”。变化，既包括宏观层面的环境变化（社会、经济、政治、生活等）、政策变化、人口变化（数量、结构、思想观念、收入水平等）和科学技术发展，中观层面的产业结构调整、产业升级、行业新增与发展和区域经济发展，又包括微观层面的个体知识创新与升级、具体技术创新及发展和垂直市场细分等。例如，互联网技术的发明与提高，诞生了电子商务、网络社交、行业信息化等诸多创业机会。

3. 行业知识技能与工作经验能力

一方面，创业者个体所拥有的行业经验、工作经验、专业知识和技能、兴趣爱好及特长、能力优势、观念转变和创造力等可直接创造创业机会。也就是说，创业者自身所拥有的知识经验等直接创造或转化为创业机会。例如，科研人员的发明专利和某项技术带来了技术创业机会，教师或医生拥有的专业知识与技能带来了知识创业机会等。

另一方面，创业者利用其拥有的生活阅历、经验技能、能力特长和创造力，更容易发现和识别潜在的创业机会。例如，牛根生利用伊利的工作经验创建了蒙牛；比尔·盖茨基于个人能力优势和创造力创建了微软；李彦宏发挥个人专业优势，创办了百度；等等。

4. 拥有的独特资源与社会网络

很多创业者的创业活动源于自己拥有相应的独特资源和社会网络。优质的人脉网络、独有的业务渠道、技术资源优势、客户资源等，都有利于创业者利用这些资源，找到适合自己的创业机会。例如，雷军利用个人的资本积累与其在投资圈的人脉关系，创立了小米。

大学生也拥有很多相关创业资源，如高层次的专家导师与科研技术资源、大学校园的市场资源、政府与高校对创业扶持的政策资源和低成本的校园人才等。充分挖掘并利用这些资源，有利于大学生创业者找到创业机会。

创业机会的四大核心来源如图 6-1 所示。

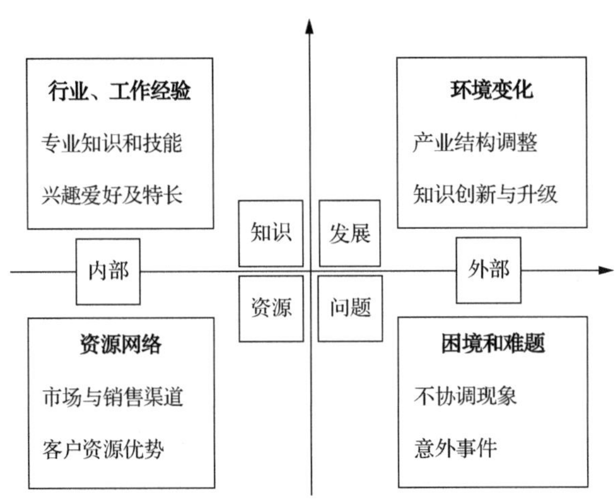

图 6-1 创业机会的四大核心来源

【拓展阅读】

李孟大学毕业后从事过很多工作，但都因为不太喜欢而放弃。经过一番冷静思考，他决定自主创业当老板。为了选择一个好的创业项目，李孟颇费脑筋。经过长时间的调研，李孟决定选择园艺开发行业。一是他喜欢照料花草，对园艺有相当浓厚的兴趣；二是他有丰富的经验，之前工作之余就曾从事过绿化种植和绿化装饰设计。他和同厂下岗职工自筹资金，在浦东新区租了 4000 平方米土地，办起了园艺场。到目前为止，他们种植了包括 7 个大棚、2 间暖房在内的盆花和观赏植物，花卉品种达百余种，拥有 30 多家固定客户，资产近 200 万元。

6.1.2 评估创业项目

1. 创业项目论证维度

下面以在一所万人以上的本科院校内（校外有流动水果摊）开一家水果店为例，来介绍评估一个创业项目是否可行应从哪些方面进行分析。

（1）初始市场规模的大小

学校是一所拥有超过 1 万人的本科院校，其中有 15 栋宿舍楼，女生人数占大半，人口流量较大。

（2）对现有竞争者的分析

学校门口不定时摆摊的小商贩，兜售着中低档次的水果，以价格低廉为卖点。但是小商贩的产品质量和信用没有保障，如果产品出了问题，买单的还是学生自己，而且小商贩提供的水果品种有限、存货量也不够大，根本不能满足这个未成形市场的需求。超市和菜市场等是比较成形的大市场的竞争对手，但是要到那里去购买很不方便，要花费来回路上的时间。它并不是专门为学生消费者群体而开的，缺乏针对学生消费者群体而开设的专业服务。

（3）市场容量与趋势

长期在流动摊上购买水果，产品质量和信用没有保障。校园水果店在固定地点售卖，可以为学生提供方便快捷的服务，同时推出水果贺卡、鲜榨果汁等，可以为学生提供更多选择。再加上价廉物美，充分考虑了学生群体的消费水平。只要经营成功，在预测范围内每天会有 100 人次左右的客源量，而且随着水果店知名度的提高及管理的完善，客源量会有增加的趋势。

（4）市场机会与竞争优势

校园水果店的开张填补了学校市场的空白。据不完全统计，有一部分学生是水果的经常购买者，市场基础是存在的。虽然有菜市场和小商贩的售卖，但他们没有充分把握和开发这个尚未培育完善的市场，只是满足了处于初始阶段的需求，远远满足不了潜在消费者对水果升级（如水果沙拉、鲜榨果汁等）的市场需求。市场机会相对于潜在消费群体，是相当庞大的。

（5）机会带来的风险

1）资金风险。任何投资都存在一定的风险，把风险控制在可以接受的范围内即为可行，开办校园水果店有学校的支持，资金投入相对较低，可以实行。

2）产品周期风险。新鲜水果保质期各不相同，没有销售出去的水果会变质腐烂。

3）技术可复制性风险。该项目技术含量较低，容易被复制模仿，加剧竞争。

4）行业风险。产品进货价格波动较大，受天气、政策影响较大。

（6）对创业者的可实现性

创业者有能力开发利用在学校创办水果店的资源，有应对竞争的能力，有机会在创业过程中校正或调整创业路径，能够有效应对并承受创业（开水果店）的风险。因此，在学校创办水果店的创业项目具有可实现性。

2. 项目论证

（1）蒂蒙斯创业机会价值的评价标准[①]

杰弗里·蒂蒙斯通过实践研究，提出了一套系统的创业机会价值的评价体系。该评价体系以量化的方式将影响创业机会价值的诸多因素分解为53项具体指标，这些指标涵盖了行业与市场、经济价值、收获条件、竞争优势、管理团队、致命缺陷、创业者的个人标准、理想与现实的战略性差异等8个维度的内容，见表6-1。创业者可以应用该评价体系，对创业机会进行系统、深入、科学、严谨的评估分析，进而就某个创业机会的投资价值和可行性做出理性客观的分析与判断。

表6-1　蒂蒙斯创业机会价值评价体系

维度	指标
行业与市场	① 市场容易识别，可以带来持续收入 ② 顾客可以接受产品或服务，愿意为此付费 ③ 产品的附加价值高 ④ 产品对市场的影响力大 ⑤ 将要开发的产品生命周期长 ⑥ 项目所在的行业是新兴行业，竞争不完善 ⑦ 市场规模大，销售潜力达到1000万元～10亿元 ⑧ 市场成长率在30%～50%，甚至更高 ⑨ 现有厂商的生产能力几乎完全饱和 ⑩ 在五年内能占据市场的领导地位，达到20%以上 ⑪ 拥有低成本的供货商，具有成本优势
经济价值	① 达到盈亏平衡点所需要的时间在1.5～2年 ② 盈亏平衡点不会逐渐提高 ③ 投资回报率在25%以上 ④ 项目对资金的要求不是很大，能够获得融资 ⑤ 销售额的年增长率高于15% ⑥ 有良好的现金流量，能占到销售额的20%～30% ⑦ 能获得持久的毛利，毛利率要达到40%以上 ⑧ 能获得持久的税后利润，税后利润率要超过10% ⑨ 资产集中程度低 ⑩ 运营资金不多，需求量是逐渐增加的 ⑪ 研究开发工作对资金的要求不高

① 徐俊祥，2014. 大学生创业基础知能训练教程[M]. 北京：现代教育出版社.

续表

维度	指标
收获条件	① 项目带来的附加价值具有较高的战略意义 ② 存在现有的或可预料的退出方式 ③ 本市场环境有利，可以实现资本的流动
竞争优势	① 固定成本和可变成本低 ② 对成本、价格和销售的控制较高 ③ 已经获得或可以获得对专利所有权的保护 ④ 竞争对手尚未觉醒，竞争较弱 ⑤ 拥有专利或具有某种独占性 ⑥ 拥有发展良好的网络关系，容易获得合同 ⑦ 拥有杰出的关键人员和管理团队
管理团队	① 创业者团队是一个优秀管理者的组合 ② 行业和技术经验达到本行业内的最高水平 ③ 管理团队的正直廉洁程度能达到最高水平 ④ 管理团队知道自己缺乏哪方面的知识
致命缺陷	不存在任何致命缺陷
创业者的个人标准	① 个人目标与创业活动相符合 ② 创业者可以做到在有限的风险下实现成功 ③ 创业者能接受薪水减少等损失 ④ 创业者渴望进行创业这种生活方式，而不只是为了赚大钱 ⑤ 创业者可以承受适当的风险 ⑥ 创业者在压力下状态依然良好
理想与现实的战略性差异	① 理想与现实情况相吻合 ② 管理团队已经是最好的 ③ 在客户服务管理方面有很好的服务理念 ④ 所创办的事业顺应时代潮流 ⑤ 所采取的技术具有突破性，不存在许多替代品或竞争对手 ⑥ 具备灵活的适应能力，能够快速地进行取舍 ⑦ 始终在寻找新的机会 ⑧ 定价与市场领先者几乎持平 ⑨ 能够获得销售渠道，或已经拥有现成的网络 ⑩ 能够允许失败

【拓展阅读】

某公司由一个连续创业者创办，创办半年后获得了天使投资。一年半后公司获得 a 轮融资，此时公司 mau（月活跃用户，monthly active user）达到 500 万人，arpu（每户用平均收入，average revenue peruser）为 1 元。开始有一定的收入（500 万元），通过广告获得少量的流量变现。再一年后，公司获得 b 轮融资，此时公司 mau 已经达到 1500 万人，arpu 为 5 元，公司收入已经达到 7500 万元。arpu 不断提高，公司已经在广告、游戏等方面找到了有效的变现方法。又一年后，公司获得 c 轮融资，此时公司 mau 为 3000 万人，arpu 为 10 元，拥有广告、游戏、电商、会员等变现方式。公司收入达到 3 亿元。假设有 20%的净利率，净利润为 6000 万元。以后每年保持收入和利润 30%～50%的增长，并在 c 轮融资一年后上市，投资者退出。

问题：如何评估该创业项目？

点评：影响项目评估的因素主要有财务因素和非财务因素。财务因素包括收入、客户数、净利润、投资资本、投资回报率；非财务因素包括管理团队、市场机会、产品优势、商业模式、投资市场、投资者的感觉等。

（2）“互联网+”大学生创新创业大赛项目的评审标准

为了贯彻落实《国务院办公厅关于深化高等学校创新创业教育改革的实施意见》（国办发〔2015〕36 号），激发高校学生创新创业热情，把创新创业教育融入人才培养，厚植“大众创业、万众创新”土壤，教育部每年举办中国“互联网+”大学生创新创业大赛。该赛事是面向全国高校大学生的最高规格的赛事，目前已举办五届，已累计有近 1000 万大学生、230 万个团队参赛，涌现出一大批优秀创新创业项目和高素质创业人才。

该赛事的国赛评审标准可以作为创业机会价值评估的参考标准，见表 6-2～表 6-4。

表 6-2　创意组项目评审标准

评审要点	评审内容	分值
创新性	突出原始创意的价值，不鼓励模仿。强调利用互联网技术、方法和思维在销售、研发、生产、物流、信息、人力、管理等方面寻求突破和创新。鼓励项目与高校科技成果转移转化相结合	40
团队情况	考察管理团队各成员的教育和工作背景、价值观念、擅长领域，成员的分工和业务互补情况；公司的组织构架、人员配置安排是否科学；创业顾问，主要投资人和持股情况；战略合作企业及其与本项目的关系，团队是否具有实现这种突破的具体方案和可能的资源基础	30
商业性	在商业模式方面，强调设计的完整性与可行性，完整地描述商业模式，评测其盈利能力推导过程的合理性。在机会识别与利用、竞争与合作、技术基础、产品或服务设计、资金及人员需求、现行法律法规限制等方面具有可行性。在调查研究方面，考察行业调查研究程度，项目市场、技术等调查工作是否形成一手资料，不鼓励文献调查、强调田野调查和实际操作检验	25
带动就业前景	综合考察项目发展战略和规模扩张策略的合理性和可行性，预判项目可能带动社会就业的能力	5

表 6-3 初创组、成长组项目评审标准

评审要点	评审内容	分值
商业性	在经营绩效方面，重点考察项目存续时间、项目的营业收入、税收上缴、持续盈利能力、市场份额等情况，以及结合项目特点制定合适的市场营销策略，带来良性的业务利润、总资产收益、净资产收益、销售收入增长、投资与产出比等情况。在成长性方面，重点考察项目目标市场容量大小及可扩展性，以及该项目是否有合适的计划和可能性（包括人力资源、资金、技术等方面）支持其未来5年的高速成长。在商业模式方面，强调项目设计的完整性与可行性，并给出完整的商业模式描述，以及在机会识别与利用、竞争与合作、技术基础、产品或服务设计、资金及人员需求、现行法律法规限制等方面需具有可行性。在融资方面，强调融资需求及资金使用规划	40
团队情况	主要考察管理团队各成员有关的教育和工作背景、价值观念、擅长领域，成员的分工和业务互补情况；公司的组织构架、人员配置及领导层成员；创业顾问，主要投资人和持股情况；战略合作企业及其与本项目的关系	30
创新性	突出原始创意的价值，不鼓励模仿。强调利用互联网技术、方法、思维在销售、研发、生产、物流、信息、人力、管理等方面寻求突破和创新。鼓励项目与高校科技成果转移转化相结合	20
带动就业情况	考察项目增加社会就业份额，发展战略和扩张的策略合理性，上下产业链的密切程度和带动效率、其他社会效益	10

表 6-4 就业型创业项目评审要点

评审要点	评审内容	分值
项目团队	团队成员互补与协调性	20
	组织结构设置合理性	
	股权结构设置合理性	
商业性	生存性和盈利能力	20
	可行性和完整性	
	可复制性	
创新性	岗位创新	20
	技能创新	
	技术创新	
	产业协同创新	
	模式创新	
带动就业	与当地经济发展紧密结合，促进区域社会经济转型升级	40
	带动就业人数	

评分标准：优秀为85～100分，良好为70～84分，一般为55～69分，差为0～54分。

6.1.3 设计商业模式

1. 商业模式的定义

企业必须选择一个适合自己的、有效的和成功的商业模式，并且随着客观情况的变化不断地加以创新，才能获得持续的竞争力，从而保证自己的生存与发展。商业模式具有“点石成金”的功能。

商业模式是指为实现客户价值最大化，把能使企业运行的内外各要素整合起来，形成一个完整的、高效的、具有独特核心竞争力的运行系统，并通过最优实现形式满足客户需求、实现客户价值，同时使系统达成持续盈利目标的整体解决方案。商业模式是一个非常宽泛的概念，与商业模式有关的说法有很多，包括运营模式、盈利模式、B2B 模式、B2C 模式、“鼠标+水泥”模式、广告收益模式等，不一而足。

2. 商业模式的本质

从本质上看，商业模式是一系列制度结构和制度安排的连续体，其核心直指企业组织的价值产生机制。商业模式的本质包括以下内容：①制度结构的连续体意味着商业模式的本质属性就是创新和变革，必然存在动态连续的变革演进；②价值创造是企业组织存在的根本理由和发展的必要条件，也是经营活动的核心主题。价值创造主要有 3 个来源，即组织自身价值链、技术变革和价值网络。

从静态来看，商业模式体现在以下 3 个方面：①在组织自身价值链层面，商业模式从制度上决定业务流程，而业务流程又与信息系统密切相关，两者适应与否决定了组织能否实现价值预期；②在技术层面，商业模式是技术开发与价值创造之间的转换机制，其成本收益结构也决定了技术开发成本能够获取的价值收益；③随着信息技术与电子商务的发展，组织边界日益模糊，大大增加了交易和协作创造价值网络增值的可能性。

从动态来看，上述 3 个方面是商业模式在特定时间和空间下的静态实现。但事实是，今天的模式也许并不适用于明天，甚至成为发展的障碍。为了使企业组织获得长期的核心优势，商业模式必须提供基于制度结构和制度安排的动态连续性，必须始终保持必要的灵活性和应变能力，这样动态匹配的商业模式才能获得成功。

3. 商业模式画布

奥斯特瓦德和 Pigneur 提出的商业模式画布是一种描述、可视化、评估和创新商业模式的通用工具，是目前广泛运用的商业模式分析工具之一。该分析法从“为谁提供？提供什么？如何提供？成本多少及收益多少？”4 个视角描述了企业如何创造价值、传递价值、获取价值的基本原理，用 9 个板块展示企业创造收入逻辑的、相互关联的元素：价值主张、客户细分、客户关系、渠道通路、收入来源、成本结构、核心资源、关键业务和重要伙伴。这 9 个元素可以通过分别覆盖价值主张、客户界面、基础设施和财务生存能力 4 个方面，对组织的商业模式进行较为全面的分析。该分析法将商业模式画布定义为“一种用来描述商业模式，可视化商业模式，评估商业模式以及改变商业模式的通用语言”。

奥斯特瓦德从战略的角度去审视一个企业的商业模式所处的环境。他建议把商业环境大体上映像成 4 块主要领域范畴，分别是市场影响因素、行业影响因素、重要趋势、宏观经济影响因素。通过假设市场力量、行业因素、关键趋势和宏观经济影响力的发展轨迹，获得设计未来商业模式选项和原型的“设计空间”即商业模式画布，如图 6-2 所示。

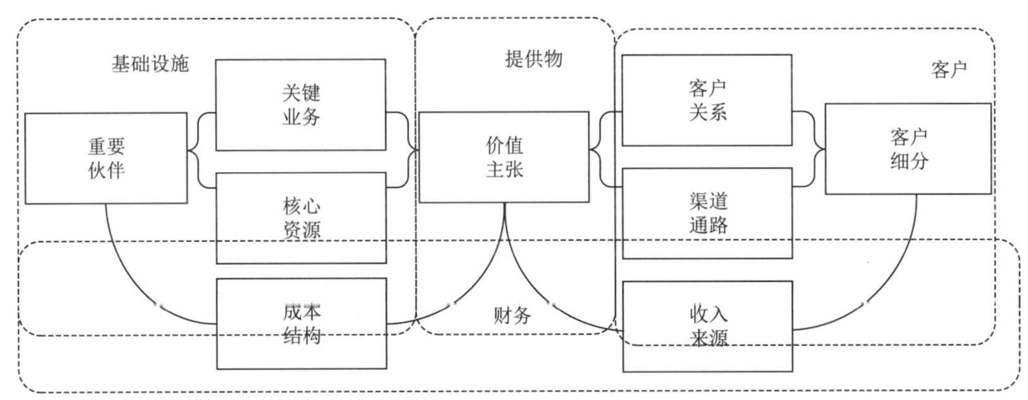

图 6-2 商业模式画布

下面以深圳市大疆创新科技有限公司（简称大疆）为例说明各部分具体内容。

（1）价值主张

价值主张用来描绘为特定客户细分创造价值的系列产品和服务。它解决了客户困扰或者满足了客户需求，是客户选择你而非别人的重要原因。每个价值主张都包含可选系列产品或服务，以迎合特定客户细分群体的需求。在这个意义上，价值主张是公司提供给客户的受益集合或受益系列。价值主张可分为两类：一类是可能是创新的，并表现为一个全新的或破坏性的提供物（产品或服务）；另一类则是与现存市场提供物（产品或服务）类似，只是增加了功能和特性。

大疆是全球领先的无人飞行器控制系统及无人机解决方案的研发和生产商。通过持续的创新，大疆致力于为无人机工业、行业用户以及专业航拍应用提供性能强、体验佳的革命性智能飞控产品和解决方案。并且，通过技术的不断改进，大疆努力将无人机带到普通消费者手中，使得无人机不再是少数人的专利。

（2）客户细分

客户细分是用来描绘一个企业想要接触和服务的不同人群或组织。客户构成了任何商业模式的核心。没有（可获益的）客户，企业就无法长久地生存。企业可能把客户细分成不同的类别，每个细分类别中的客户都具有共同的需求、共同的行为和其他共同的属性。到底该服务哪些客户细分群体，该忽略哪些客户细分群体，一旦企业做出决议，就可以凭借其对特定客户群体需求的深刻理解，仔细设计相应的商业模式。初创企业要学会抵御诱惑，千万不要想去做所有人的生意。

大疆无人机的客户细分如下。

1）消费级无人机客户：户外运动爱好者、普通消费者。最早的消费级无人机属于航模，主要面向专业玩家，其市场空间较小；后来大疆推出 Phantom 系列，大幅降低了无人机的使用难度，迅速席卷了户外运动爱好者市场。大疆的 Mavic 系列进一步提升了无人机的便携性和可操作性，使得市场扩展至普通消费者。

2）专业级无人机客户：悟系列无人机，客户为电影、视频工作团队、专业航拍摄影师等。

3）行业应用级无人机：客户为农业领域从业人员，如植保无人机。

（3）渠道通路

渠道通路是用来描绘企业沟通、接触其客户细分，传递其价值主张的渠道和路径，构成了公司相对于客户的接口界面。渠道通路是客户接触点，它在客户体验中扮演着重要角色。渠道通路包含以下功能：提升公司产品和服务在客户中的认知、协助客户购买特定产品和服务、向客户传递价值主张、提供售后客户支持。

大疆无人机的渠道通路如下。

1）官方直营渠道：包括线上大疆官方商城，天猫、京东官方旗舰店，线下官方旗舰店。

2）授权零售店：可以比设立旗舰店节约很大部分的成本，而且可以有效帮助企业扩大产品影响范围，增强品牌知名度。

3）农业植保机代理商：与农机公司合作。

（4）客户关系

客户关系用来描绘公司与特定客户细分群体建立的关系类型，企业应该弄清楚其希望和每个客户细分群体建立的关系类型。客户关系可以被以下几个动机所驱动：客户获取、客户维系、提升销售额（追加销售）。例如，不少移动网络运营商的客户关系由积极的客户获取策略所驱动，包括入网赠送移动电话或者进行补贴。当市场饱和后，运营商转而聚焦客户保留以及提升单客户的平均贡献度。

客户是企业生存和发展的推动力量，在当今充满竞争的市场中，竞争的领域已不仅仅局限于产品之间的竞争，客户之间的竞争愈加重要。企业要努力为客户服务，了解客户的需求取向，以优质、高效的服务来提升客户满意度，留住老客户，创造新客户，以提升企业资源积累。

（5）核心资源

核心资源是用来描绘让商业模式有效运转所必需的最重要因素。每个商业模式都需要核心资源，这些资源使得企业、组织能够创造和提供价值主张、接触市场、与客户细分群体建立关系并赚取收入。不同的商业模式所需要的核心资源也有所不同。例如，微芯片制造商需要资本密集型的生产设施和固定资产投入，而芯片设计商则需要更加关注“高精尖”的人才资源。核心资源可以是实体资产、金融资产、知识资产或人力资源。核心资源既可以是自有的，也可以是公司租借的或从重要伙伴那里获得的。

大疆的核心资源配置流程可以概述为：研发+生产+电子商务+线下商店+物流配送+售后服务。具体来说，大疆的资源配置模式为：通过市场调研获取用户需求，研发人员根据信息进行研发，组织生产；产品通过媒体、网络、实体店面等途径进行营销展示；当消费者有需求时，可以利用手机等移动终端或到旗舰店、授权店购买；基于信息系统，大疆对每一件产品都提供跟踪服务，并提供无人机保险，目的是让顾客买得放心，用得安心。

（6）关键业务

关键业务是用来分析和描绘为了确保其商业模式顺利实施，企业必须做的最重要的业务工作。无人机属于科技创新型的产品，从其他相关产品的商业模式来看，无人机企业的关键业务是领先的技术优势。大疆无人机在无人机飞控系统、飞行影响系统、无人机硬件等方面保持技术领先优势。

（7）重要伙伴

重要伙伴用来描述让商业模式有效运作所需的供应商与合作伙伴的网络。企业会基于多种原因打造合作关系，合作关系正日益成为许多商业模式的基石。很多公司采取创建联盟的策略来优化其商业模式、降低风险或获取资源。合作关系可以分为以下四种类型：在非竞争者之间的战略联盟关系、在竞争者之间的战略合作关系（竞合）、为开发新业务而构建的合作关系、为确保可靠供应构建的“购买方—供应商”关系。

大疆的重要伙伴有以下几类。

1）授权经销商：负责产品的销售与品牌宣传。

2）物流服务提供商：负责运输、仓储、包装、配送等。

3）视频服务网站：将无人机拍摄的视频、图片上传至网络与大家分享，如Youtube、天空之城等网站。

4）软件开发商：根据大疆提供的开放平台和软件开发工具包，开发者可以在这些平台上根据其他行业领域和场景开发适应性的应用。

5）零配件供应商：负责大疆创新产品零配件的供应，如欧朋达为大疆的无人机金属外观件合格供应商。

6）航拍影像服务商：负责为大疆提供航拍影像器材和技术解决方案。

7）无人机服务合作商：与大疆合作开展新的无人机服务项目，如大疆与汉莎航空服务部就无人机的商业应用开展合作等。

8）网上商城：负责大疆系列产品的销售、服务、咨询等，如大疆建立了京东旗舰店、与苹果商城合作等。

（8）成本结构

成本结构用来描绘运营一个商业模式所引发的所有成本。创建价值和提供价值、维系客户关系及产生收入都会引发成本投入。这些成本在确定核心资源、关键业务与重要伙伴后可以相对容易地计算出来。然而，有些商业模式，相比其他商业模式更多的是由成本驱动的。例如，那些号称“不提供非必要服务”的航空公司，是完全围绕低成本结构来构建其商业模式的。

大疆的主要成本结构可以分为以下几个方面。

1）研发成本：无人机研发作为高科技类型生产活动，研发投入在总投入成本中占据很大比重。根据数据显示，大疆的研发活动不设预算，这为研发活动创造了最有利的环境，能够促进技术的快速发展。

2）采购成本：采购成本包括购买原材料部件相关的物流费用、采购订单费用等。通过集中采购可以获得价格优惠，集中采购的规模优势也容易与供应商达成长期合作，保证产品质量。

3）运营成本：通过信息管理系统统一管理和使流程标准化，可以更好地控制成本，最大限度地降低成本。

（9）收入来源

1）硬件销售：目前大疆的主要收入来源为销售无人机产品。

2）无人机技术解决方案：基于大疆先进的技术优势，为其他行业无人机提供技术支持，这是大疆的另一项主要收入来源。

4. 设计商业模式的思路和方法

商业模式的五大要素包括利润源（即顾客）、利润点（即企业提供的产品或服务）、利润杠杆（即生产产品或服务的内部运作）、利润渠道（即产品或服务的供应和传播渠道）、利润屏障（即保护产品或服务的战略控制活动）。

商业模式就是以上述五大要素的某一个至两个要素为核心、五大要素相互协同的价值创造系统。无论是设计还是完善商业模式，都必须遵循商业模式设计完善的五步法。

（1）界定和把握利润源——顾客

企业利润源是指购买企业商品或服务的顾客群，它们是企业利润的唯一源泉。企业利润源及其需求的界定，决定了企业为谁创造价值。企业顾客群分为主要顾客群、辅助顾客群和潜在顾客群。好的目标顾客群，一是要有清晰的界定，没有清晰界定的顾客群往往是不稳定的；二是要有足够的规模，没有足够的顾客群规模，企业的业务规模必然受到限制；三是企业要对顾客群的需求和偏好有比较深的认识和了解。

在设计商业模式时，首先需要分析顾客需求，其目的就是要为产品寻找能够比较容易呈现其价值的顾客群。一般来说，企业盈利的难度并非在技术与产品端，而主要是在顾客端。有时只要把握好顾客的一点点需求，就能产生巨大的顾客价值。

分析和把握顾客需求，并寻求产品在市场中的最佳定位，是设计商业模式的一项首要工作。

（2）不断完善企业利润点——产品

利润点是指企业可以获取利润的、目标顾客购买的产品或服务。利润点决定了企业为顾客创造的价值是什么，以及企业的主要收入及其结构。

好的利润点是顾客价值最大化与企业价值最大化的结合点，它的要求如下：①要针对目标顾客的需求偏好；②要为目标顾客创造价值；③要为企业创造价值。有些企业的产品和服务或者缺乏顾客针对性，或者根本不创造利润，因而不是好的利润点。

（3）打造强有力的利润杠杆，构筑商业模式内部运作价值链

打造利润杠杆，即规划企业内部运作价值链，是商业模式设计与完善的重要内容，它决定了产品或服务是否为企业带来价值和带来多少价值。企业利润杠杆主要包括组织与机制杠杆、技术与装备杠杆、生产运作杠杆、资本运作杠杆、供应与物流杠杆、信息杠杆、人力资源杠杆等。这些内部运作活动可以清楚地界定企业的内部运作成本及其结构，以及计划实现的利润目标。

将没有竞争优势的企业内部价值链外包是打造利润杠杆的一条有效途径。很多企业意识到在一个非常长而复杂的企业内部价值链上，它们也许只能在价值链的3～4个环节具有高度竞争力，但要想在所有环节上都具有竞争力是不太可能的。一旦认识到企业内部价值中的优势环节，就应该把企业定位在那个位置，将其他部分以签约的方式外包给别的企业，从而使利润杠杆更加有力。

同样的产品，由于利润杠杆不同，或者由于企业内部运作价值链的差异，就可能导致产品成本迥异，一个企业可能赚钱，另一个企业可能亏损。这足以说明，利

润杠杆决定了企业利润的多寡。

（4）疏通拓宽利润渠道，构筑商业模式外部运作价值链

利润渠道，即企业向顾客供应产品和传递产品信息的渠道，是商业模式得以正常运作必不可少的外部价值链。产品或服务的价值传递是企业把产品和服务传递给目标客户的分销和传播活动，其目的是便于目标客户方便地购买和了解企业的产品或服务。

（5）建立有效保护利润的利润屏障

利润屏障是指企业为了防止竞争者掠夺本企业的目标客户，保护利润不流失而采取的战略控制手段。利润杠杆是撬动“奶酪”为我所有，利润屏障是保护“奶酪”不为他人所动。

比较有效的利润屏障主要有建立行业标准、控制价值链、拥有领导地位、独特的企业文化、良好的客户关系、品牌、专利等。

商业模式也是一种企业创造利润的方式，虽然有许多不同的创造利润方式，但每个企业最终只会从中选择一种方式，而企业的主导思维架构将是决定商业模式的主要因素。许多技术创新面对的是一种不确定性极高的未来环境，而市场信息也无法全盘取得，因此没有一个商业模式能确保未来利润一定会实现，也没有所谓的最佳商业模式。创业者在设计与执行商业模式时，一定要保持未来需要弹性调整的心态。也就是说，商业模式的内涵需要随环境变动，在执行时要保持高度的弹性。

实训

实训一　“硬币”带来的创业机会

一个大学生在校期间利用课余时间勤工俭学，主要打扫学生公寓。

他在打扫的过程中，发现床铺下、桌子下和墙角有很多沾满灰尘的 1 角、5 角及 1 元的硬币。

他将这些硬币还给同学时，谁都没有表现出丝毫的热情……

请根据以上背景信息讨论：

1）从这一现象中可以发现哪些创业机会？

2）创业项目可能采取的商业模式是什么？

3）结合上述设计的商业模式，思考以下问题并做出你的选择。

① 自己的商业模式能有效避开强大的竞争者吗？是（　）　否（　）

② 自己的商业模式能实现简单快速低成本复制吗？是（　）　否（　）

③ 自己的商业模式一句话就能让人听懂，但却很难模仿吗？是（　）　否（　）

④ 自己的商业模式能获取预期的销售收入和利润吗？是（ ） 否（ ）
⑤ 自己的商业模式可能有多个收入层次和多种收入来源吗？是（ ） 否（ ）
⑥ 自己的商业模式会给相关者带来足够吸引力的利益吗？是（ ） 否（ ）
⑦ 自己的商业模式能获得充沛而可持续的现金流量吗？是（ ） 否（ ）
⑧ 自己的商业模式所产生的利润率能远高于同行吗？是（ ） 否（ ）

选择“是”得 1 分，选择“否”得 0 分。

0～3 分：商业模式很难成功。

4～6 分：商业模式有效但不顺畅，需要优化调整。

7～8 分：商业模式非常好。

【解读】

本活动需要学生利用创业项目寻找与商业模式设计相关的知识，找到相关的创业机会并进行评估。

（资料来源：徐俊祥，2014. 大学生创业基础知能训练教程[M]. 北京：现代教育出版社.）

实训二 创业选择的 SWOT 分析

利用 SWOT 分析法，对自己的创业选择做 SWOT 分析，分析自己创业选择的优势和劣势、机会和威胁，并给出相应的策略与应对办法。表 6-5 为 SWOT 分析表。

表 6-5 SWOT 分析表

外部因素	内部能力	
	优势（S）	劣势（W）
机会（O）	SO	WO
威胁（T）	ST	WT

【解读】

SWOT 分析法是进行决策时的常用工具。SWOT 是英文单词 strengths（优势）、weaknesses（劣势）、opportunities（机会）、threats（威胁）的缩写。大学生通过对自己的创业选择进行优势和劣势、机会和威胁的综合分析，评估自己的创业选择。

6.2 创业团队与融资

场景引入

6.2.1 创业团队

1. 创业团队的构成要素

创业团队就是由少数具有技能互补的创业者组成的团队，创业者为了实现共同的创业目标，共同为达成高品质的结果而努力。

创业团队需要具备以下 5 个重要的团队构成要素，即目标（purpose）、人（people）、创业团队的定位（place）、权限（power）、计划（plan），称为“5P”。

（1）目标

创业团队应该有一个既定的共同目标，为团队成员导航，知道要向何处去。没有目标，这个团队就没有存在的价值。

（2）人

人是构成创业团队最核心的要素。在一个创业团队中，人力资源是所有创业资源中最活跃、最重要的资源。应充分调动创业者的各种资源和能力，将人力资源进一步转化为人力资本。

（3）创业团队的定位

创业定位包含以下两层含义。

1）创业团队的定位。创业团队在企业中处于什么位置，由谁选择和决定团队的成员，创业团队最终应对谁负责，创业团队采取什么方式激励下属。

2）个体（创业者）的定位。团队成员在创业团队中扮演什么角色，是制订计划还是具体实施或评估等，都需要进行明确的分工，确定各自应承担的责任。

（4）权限

在创业团队中，领导人的权力大小与其团队的发展阶段和创业实体所在的行业相关。一般来说，创业团队越成熟，领导者所拥有的权力相应越小。在创业团队发展的初期阶段，领导权相对比较集中。高科技实体多数实行民主的管理方式。

（5）计划

计划有两层含义：①目标最终的实现，需要一系列具体的行动方案，可以把计划理解成达到目标的具体工作程序；②计划的进行可以保证创业团队的顺利运行。只有在计划的操作下，创业团队才会一步一步地接近目标。

2. 创业团队构成要素之间的关系

一般来说，创业团队的构成要素之间相互影响、相互作用，缺一不可。它包括以下 4 个方面的含义。

（1）创业团队有统一的目标和共同的价值观

这是组成创业团队的前提，创业团队必须为统一的目标而奋斗，并有共同的价值观，这样组成的创业团队才有战斗力。没有统一的目标和共同的价值观，创业团队即使组建起来了，也形不成合力，缺乏战斗力。

（2）创业团队成员负有共同的责任

有了统一的目标和共同的价值观后，创业团队成员还必须共同负起责任来达到目标。一个好的创业团队一定是一个其成员能共同负责任的团队。

（3）创业团队成员的才能互补

这是组建创业团队的必要条件。当组建起来的创业团队成员的知识、才能可以互补时，这个团队就可以发挥出“1+1>2”的作用。如果创业团队成员的知识、能力不能互补，就失去了组建团队的意义，即使组建了团队，也不能起到很好的作用，甚至限制了某些有能力的人发挥作用。

（4）创业团队成员愿为共同的目标做出贡献

这是创业团队能否取得成功的关键。创业团队成员除了有责任心之外，还要有甘于奉献的精神，这样才能成为企业的核心，在共同奉献中带领企业前进。

6.2.2 创业资源

1. 创业资源的内涵

常言道，巧妇难为无米之炊。同样，没有资源，创业者也只能望洋兴叹。

资源就是任何一个主体，在向社会提供产品或服务的过程中，所拥有或者所能够支配的可实现自己目标的各种要素以及要素组合。创业资源是企业创立以及成长过程中所需要的各种生产要素和支撑条件，创业本身也是一种资源的重新整合。简单地说，创业资源就是创业者所需具备的一些创业条件，是新创企业在创造价值的过程中需要的特定资产，包括有形资产与无形资产，主要表现为创业人才、创业资本、创业机会、创业技术和创业管理等方面。对创业企业来说，创业者是其独特的资源，也是无法用钱买到的资源。

2. 创业资源的分类

创业资源有间接资源和直接资源之分。财务资源、经营管理资源、市场资源、人才资源是直接参与企业战略规划的资源要素，可以把它们定义为直接资源；政策资源、信息资源、科技资源这三类资源要素对于创业成长的影响更多的是提供便利和支持，而非直接参与创业战略的制定和执行，因此，对于创业战略的规划是一种间接作用，可以把它们定义为间接资源。

1）财务资源：是否有足够的启动资金？是否有资金支持创业最初几个月的亏损？

2）经营管理资源：凭什么找到客户？凭什么应对变化？凭什么确保企业运营所需能够及时足量地得到？凭什么让创业企业内部有效地按照最初的设想运转？

3）市场资源（包括营销网络与客户资源、行业经验资源、人脉关系）：凭什么进入这行业？这个行业的特点是什么？盈利模式是什么？是否有起码的商业人脉？市场和客户在哪里？销售的途径有哪些？

4）人才资源条件：是否有合适的专业人才来完成所有的任务？

5）政策资源：是否有一个“助推器”或“孵化器”推进创业（如某些准入政策、鼓励政策、扶持政策或者优惠等）？

6）信息资源：依靠什么来进行决策？从哪里获得决策所需的信息？从哪里获得有关创业资源的信息？

7）科技资源：创业的企业凭什么在市场上竞争？为社会提供什么样的产品和服务？

3. 创业资源的获取途径

创业所需的资源有两个来源：一是自有资源，二是外部资源。自有资源是创业者自身所拥有的可用于创业的资源，如创业者自身拥有的可用于创业的自有资金、自己拥有的技术、自己所获得的创业机会信息、自建的营销网络、控制的物质资源或管理才能等。外部资源可以包括朋友、亲戚、商务伙伴或其他投资者、投资人的资金，或者包括借到的人、空间、设备或其他原材料（有时是由客户或供应商免费或廉价提供的，或通过提供未来服务、机会等换到的）。对创业者来说，利用外部资源是非常重要的方法和能力，在企业的创立和早期阶段尤其如此。其中，关键是创业者要具有资源的使用权并能控制或影响资源部署。

不同的创业资源有不同的获取途径。

（1）获取创业计划的途径

有望成功的创业计划对创业而言是一个重要的资源。实践表明，创业者可通过以下途径来获取商业计划：①吸引他人把商业计划作为知识产权资本，加入自己的创业团队，成为一个未来新创企业的股东；②购买他人已有的创业计划，但应注意要进行理性甄别，并借助专家力量对该计划进行完善；③构思自己的创意，委托专业机构研究、编制创业计划。

（2）获取资金资源的途径

对于资金的获取，一般可通过以下 4 种途径获得：①依靠亲朋好友筹集资金，双方形成债权债务关系；②抵押、银行贷款或企业贷款；③争取政府某个计划的资金支持；④所有权融资，包括吸引新的拥有资金的创业同盟者加入创业团队，吸引现有企业以股东身份向新企业投资、参与创业活动，以及吸引企业孵化器或创业投资者的股权资金投入等。

（3）获取项目起步所依赖技术或人才的途径

创业企业需要项目起步所依赖的技术或人才，其获取途径有以下几种：①吸引技术持有者加入创业团队；②购买他人的成熟技术，并进行技术市场寿命分析等；③购买他人的前景型技术，再通过后续的完善开发，使之达到商业化要求；④同时购买技术和技术持有者。

（4）获取技术、市场与政策信息的途径

一般而言，获取技术、市场及政策信息的途径主要有政府机构、同行创业者或同行企业、专业信息机构、图书馆、大学研究机构、新闻媒体、会议及互联网等。对于这些信息的获得，创业者可以根据自己的实际情况与各种方式的特点，选择一种或多种方式，尽可能多地获取有效的需要的信息。

6.2.3 创业融资

1. 融资概念和融资方式

融资是指资金的融入，也就是通常所说的资金来源，具体是指通过一定的渠道、采用一定的方法、以一定的经济利益付出为代价，从资金持有者手中筹集资金，以满足资金使用者在经济活动中对资金需要的一种经济行为。

融资有狭义和广义之分。狭义的融资仅指不同资金所有者之间的资金融通，即资金从资金供给方流向需求方。广义的融资不仅包括前者，还包括某一经济主体通过一定的方式在自己内部进行的资金融通。

从融资主体的角度来看，创业融资的方式可以做 3 个层次的划分：第一层次为内部融资和外部融资；第二层次是将外部融资划分为直接融资和间接融资；第三层次是对直接融资和间接融资再做进一步的细分。

内部融资是指企业依靠其内部积累进行的融资，具体包括资本金（除股本）、折旧基金转化为重置投资、留存收益转化为新增投资等。外部融资是指企业通过一定方式从外部融入资金用于投资。

相对于外部融资，内部融资可以减少信息不对称的问题及与此相关的激励问题，节约企业的交易费用，降低融资成本，也可以增强企业的剩余控制权。内部融资在企业的生产经营和发展壮大中的作用是相当重要的。但是，内部融资能力及其增长受到企业盈利能力、净资产规模、未来预期收益等方面的制约。任何企业在创业发展过程中，都会遇到一个确定内部融资与外部融资合理比例的问题。

直接融资是指企业作为资金需求者向资金供给者直接融通资金的方式，一般是指发行股票和债券等。间接融资是指企业通过金融中介机构间接向资金供给者融通资金的方式，一般是指银行或非银行金融机构的贷款等。

就各种融资方式来看，内部融资不需要实际对外支付利息或股息，不会减少企业的现金流量；同时，由于资金来源于企业内部，不发生融资费用，内部融资的成本远低于外部融资，它是企业首选的融资方式。

企业内部融资能力的大小取决于企业的利润水平、净资产规模和未来预期收益等因素。当内部融资仍不能满足企业的资金需求时，企业可以考虑转向外部融资。

外部融资方式中的股权融资会使企业股东的股权稀释，收益减少，并且产生的影响时间较长；债务融资则成本较高，但影响时间较短。

创业融资是创业企业在设立与发展期间的重要行为。正确的融资决策关乎创业企业的正常发展。

2. 创业融资渠道

融资渠道是指企业筹措资金的方向和通道，体现了资金的来源和流量。了解企业的融资类型和融资方式，对企业的生存和发展是极其关键的。按照国外的优序融资理论，源于对融资成本的考虑，企业融资首先选择的应是内部融资，然后是发行可转换债券等债权融资，最后才是考虑股权融资。另外，优序融资理论对创业企业也是适用的。

（1）个人创业融资渠道

自有资金的来源除了自我积累、向亲朋好友借款（民间借贷）等方式外，银行借贷也是重要的资金来源渠道。银行借贷主要有以下几种方式。

1）个人保证贷款。具有稳定的职业和固定收入，信用良好，有按期偿还贷款本息的能力，无不良历史记录的个人，只要能提供贷款人认可的法人或自然人承担连带责任的保证担保，就可以从银行等金融机构获得贷款期限最长为 3 年、贷款额度最高为人民币 30 万元的保证贷款。稳定的职业类型原则上限于政府公务员、事业单位人员，金融、保险、通信、电力、烟草、院校、文教、科研院所等行业人员，效益较好的国有大中型企业、律师、三资企业员工、私营业主等。

2）个人抵押贷款。需要创业的个人，在不违反相关法律法规对贷款用途限制的有关规定的情况下，可以灵活地将个人消费抵押贷款用于创业。如果创业需要购置沿街商业用房，可以用拟购商业用房作抵押，向银行申请商业用房贷款，贷款金额一般不超过拟购商业用房评估价值的 60%，贷款期限最长不超过 10 年。因创业需要购置轿车、卡车、客车或进行出租车营运的借款人，还可以办理汽车消费贷款，贷款金额一般不超过购车款的 80%，贷款期限最长不超过 5 年。

3）个人质押贷款。凡持有本人或他人名下的有价权利凭证、具有完全民事行为能力的自然人，因生产、经营、生活等临时资金周转需要且符合贷款条件的，均可向银行申请办理个人质押贷款。目前主要的商业银行都开展该业务。质押物限于未到期的整存整取、存本取息、大额可转让存单、外币定期储蓄存单、凭证式国债、保险单、中国人民银行批准的可质押的其他种类的权利凭证等。用储蓄存单质押贷款的，每笔贷款额不超过质押存单面额的 80%，外币存款按当日公布的外汇现钞买入价折成人民币计算；用凭证式国债质押贷款的，每笔贷款额不超过质押国债面额的 90%，贷款最高限额为人民币 10 万元。

4）个人创业贷款。个人创业贷款是一种专门针对创业或再创业而发放的专项贷款，由具有一定生产经营能力或已经从事生产经营活动的个人，向银行提出资金需求申请，经银行认可有效担保后发放。符合条件的借款人，根据个人的资源状况和偿还能力，最高可获得单笔 50 万元的贷款支持；创业达到一定规模或成为再就业明星的人员还可提出更高额度的贷款申请。个人创业贷款的期限一般为 1 年，最长不超过 3 年。为了支持下岗职工创业，创业贷款的利率还可以按中国人民银行规定的同档次利率下浮 20%，许多地区推出的下岗失业人员创业贷款还可享受 60%的政府贴息。

5）民间借贷。由于向银行提供足够适当的资产担保并非易事，民间借贷是获得创业资金的另外一个重要渠道。民间借贷是一种民间调剂资金短缺，解决部分生产经营、生活中的特殊需求的信用补偿机制。它在银行和信用社力所不及的领域和范围内，起着拾遗补阙、取长补短的作用。从某种程度上来说，民间借贷也体现了社会系统内部成员之间的一种相互信赖、相互帮助的民间关系。尤其是在我国各种经济成分高速发展的今天，民间借贷的存在和发展，对于经济的互动和发展有着重要的价值和实际意义。

6）典当融资。在中国近代银行业诞生之前，典当是民间融资的重要渠道，在调剂余缺、促进流通等方面起了一定的作用。典当是以实物为抵押，以实物所有权转移的形式取得临时性贷款的一种融资方式。这种“以物换钱”的融资方式，只要顾客在约定时间内还本并支付一定的综合服务费（包括典当物的保管费、保险费、利息等），就可赎回典当物。典当融资对借款人的资信条件要求低，手续简便、灵活，可以满足急需，是中小企业、个体工商业主和居民个人的快捷融资渠道。

（2）企业融资渠道

当创业企业需要从外部获得资金时，考虑较多的融资方式是银行借贷。银行提供的贷款主要有保证贷款、抵押贷款和质押贷款 3 种。此外，金融租赁、引入创业资本也是重要的融资渠道。

1）保证贷款。目前，全国已有 100 多个城市建立了中小企业信用担保机构。这些机构大多采用会员制管理的形式，属公共服务性、行业自律性、自身非营利性组织。担保基金的来源一般是由当地政府财政拨款、会员自愿交纳的会员基金、社会募集的资金、商业银行的资金等几部分组成。会员企业向银行借款时，可以由中小企业担保机构予以担保。中小企业还可以向专门开展中介服务的担保公司寻求担保服务。当企业提供不出银行所能接受的担保措施（如抵押、质押或第三方信用保证人等）时，担保公司可以解决这些难题。因为与银行相比，担保公司对抵押品的要求更为灵活。当然，担保公司为了保障自己的利益，往往会要求企业提供反担保措施，有时担保公司还会派人到企业监控资金流动情况，并且只有当创业企业成为会员之后这些机构才能提供担保服务。

2）抵押贷款。抵押是目前最为常用的担保方式，其一般以厂房、机器设备作抵押，所抵押的厂房、机器设备须办理价值评估，评估价值须高于借款金额（银行一般将贷款额度控制在抵押物评估价值的 60%～80%），还要办理财产保险。采用此种担保方式，花费较多，但借款期限较长，额度也较高。

3）质押贷款。质押是较为少用的担保方式，但不需要花费任何费用。银行对质押物的要求较为严格，一般限于本银行开具、代理或签发的存款单、凭证式国库券、金融债券、银行汇票、银行本票及保险单等。质押价值要高于借款金额（银行一般将贷款额度控制在质押物评估价值的80%～90%），且在质押期间不能支取。

4）金融租赁。金融租赁是一种集信贷、贸易、租赁于一体，以租赁物件的所有权与使用权相分离为特征的新型融资方式。设备使用厂家看中某种设备后，即可委托金融租赁公司出资购得，然后再以租赁的形式将设备交付企业使用。当企业在合同期内把租金还清后，即拥有该设备的所有权。

5）引入创业资本。对高新技术创业企业而言，由于风险高、投入大，并且在创业初期没有销售，更没有盈利，它们几乎不能从以稳健性原则作为经营宗旨的银行获得贷款。因此，向创业投资公司寻求资金上的支持、引入创业资本是高新技术创业企业采用的主要融资渠道。

目前，在中国进行创业风险投资的投资机构大致可以分为以下几类。①政府背景的创业投资公司，如建信投资、北京国资、中信产业基金等。建信投资为中国建设银行境内投资机构，其业务聚焦水务、节能环保、高新技术、医疗健康、高端制造、文化产业等领域。②国外投资企业，如软银、摩根大通、晨兴集团等。软银曾投资了阿里巴巴、淘宝网、分众传媒、万国数据、华大基因、安翰光电、迪安诊断、理邦仪器等一系列优秀企业。③上市公司分立机构、腾讯旗下的腾讯投资等。腾讯投资是腾讯公司按照国际惯例设立的企业创业投资平台，主要使命是投资产业链上的优质公司，以更好地服务腾讯开放平台上的用户，主要关注网络游戏、社交网络、无线互联网、电子商务及新媒体等领域。④其他类型的投资机构，如真格基金等。真格基金是由新东方联合创始人徐小平、王强和红杉资本中国在2011年联合创立的天使投资基金，旨在鼓励青年人创业、创新、创富、创造。

以上各种融资渠道各有特点，创业者可以根据所创企业的特点进行选择。同时，创业企业在对各种融资渠道进行比较并做出选择后，了解并遵守国家有关创业融资的各种法律法规也是十分重要和必要的，唯有这样，才能保证所需创业资金的安全。

3. 融资准备工作

（1）融资前的准备工作

所谓“知彼知己，百战不殆”，融资准备工作必须从内、外两大因素入手：①做好内部建设，对企业现状和发展前景有清晰的认识；②逐步了解外部的融资环境，可以通过聘请专业融资顾问获得帮助，为成功融资创造条件。具体包括以下几项。

1）企业自身建设。企业自身建设涉及盈利模式、管理团队、市场客户、产品技术等几大要素。其中，管理团队具有管理能力、凝聚力和进取心是创业成功的重要保证。

2）制定融资战略。制定融资战略需要考虑的问题有融资的时机、所需资金的数量、融资采取的方式等。企业还应根据不同的发展阶段来考虑融资数量和资金投入的时机。融资方式的选择需要结合自身条件和各种融资渠道的风险、成本综合考虑。

3）资料和人员的准备。创业者应将企业的情况和融资计划整理成简明、有说服力的书面文档，以凸显企业价值，使投资者通过相关材料对企业有清楚的了解。需要注意的是，随着融资等各项工作的到位，内部操作人员专业素质的缺乏也可能导致融资谈判失败，所以适时地组织内部人员参加专业培训也是重要的准备。

4）聘请外部专家。由于创业者往往缺乏融资经验、时间与精力，聘请专业融资顾问应该是最好的选择，他们将为企业融资的各个步骤提供专业意见，并利用积累的融资渠道为企业引荐合适的投资者。

5）接触潜在投资者。创业者和投资者之间是一种长期合作关系，需要达成充分的相互了解与信任。企业应在广泛调研的基础上，根据自身的发展模式和价值取向进行选择与接触。事实上，在与投资者的交流中，创业者往往能够获得很多有利于企业发展的宝贵建议。

（2）融资资料的准备和策划

融资资料是资金方要求企业提供的各种形式的文字、数据、图片的总称，其核心是融资计划书。融资计划书是把资金方关注的主要问题以一定格式描述出来的重要信息载体，其主要内容包括企业概况、企业优势、资金的用途、项目的风险和效益测算、融资工具、还款来源或投资退出方式等。融资资料的准备和策划就是按照特定的融资工具、融资渠道的要求，为资金方安全保障考虑，对融资有关的信息进行收集、挖掘、加工处理，并按一定的格式加以表述的过程。

融资资料和融资计划书是企业与资金方沟通的主要方式，尤其对项目融资更是如此。在大多数情况下，融资计划书已经是项目融资方和资金方之间交流不可缺少的桥梁和“语言”。能否有这样一套完整的“语言”，是企业融资能否成功的关键环节。现在，大部分企业对项目融资的资料准备和融资计划书的编写比较重视，但对债权类融资重视不够。对于债权类融资来说，有与没有融资计划书大不一样。在资金供求失衡的今天，资金方每天都面临大量的资金需求方和需求项目，如何让资金方看中，着实需要企业下一番功夫。

实训

实训一　如何借到 3 万元

融资实际就是借钱。如果让你筹集 3 万元，你准备向谁借，怎么借？在借款之前，你会做哪些准备？现在，打电话、发微信或者面对面与对方沟通一下自己借钱的想法，看看对方怎么说。你会如何进行沟通呢？

不管结果如何，请你反思自己的借钱过程和策略，都有哪些收获？

【解读】

本活动需要学生熟悉融资渠道和融资策略。

（资料来源：孙洪义，2016. 创新创业基础[M]. 北京：机械工业出版社.）

实训二 如何选择合适的创业伙伴

创业者选择合适的合作伙伴（或者是多个合作伙伴）是一项重要的工作。为了做出正确的选择，创业者需要获得以下 3 个方面的基本信息。

1）清晰的自我评价（在列表中描述技术、能力、知识等相关方面）。

2）清楚描述出自己想要从需要的潜在合作伙伴中获得什么。

3）准确地评估他人的能力，以便知道其是否具备自己所需要的能力。

这项练习能够帮助你获得以下 3 个方面的信息。

1）自我评价。

对自己在以下每一个维度做出等级评价，要求尽可能地诚实和准确。对于每一个维度，请选择数字 1～5（1 表示很低，2 表示低，3 表示中等，4 表示高，5 表示很高），并填写在相应的题目后。

a．与新创企业相关的经验（　　）

b．与新创企业相关的技术知识（　　）

c．人际技能（与人相处、劝说他人等方面有用的技能）（　　）

d．成就的动机（　　）

e．对新创企业的承诺（　　）

f．适合成为一位创业者的个人属性（　　）

g．不适合成为一位创业者的个人属性（　　）

2）你想从合作伙伴中获得什么？

根据第一部分中的等级评价，列出你从合作伙伴中想获得的是什么。例如，如果你在技术知识方面是欠缺的，你对合作伙伴需要的就是技术知识；如果你在人际交往方面是欠缺的，你就需要在这方面有较高水平的合作伙伴；等等。

a．______________________________

b．______________________________

c．______________________________

d．______________________________

e．______________________________

f．______________________________

3）你准确评价他人的能力如何？

为了回答这一问题，请指出下列每一项陈述的正误程度，选择数字 1～5（1 表示根本不正确，2 表示不正确，3 表示既不正确也不错误，4 表示正确，5 表示十分正确），并填写在相应的题目后。

a．我能够很容易地发现其他人什么时候在说谎（　　）

b．我能够推测其他人的真实感受（　　）

c．我能够识别出他人的弱点（　　）

d．我是其他人的一位好裁判（　　）

e．我能够通过观察其他人的行为，准确地识别出其他人的特点（　　）

f．我能够辨别出人们为什么会以多数情况下的做事方式来做事（　　）

把你的答案的分值相加。如果你的得分为 20 分或者更高，你就可以把自己确认为擅长评价他人。

【解读】

本活动的目的是锻炼学生选择创业团队成员的能力，通过自我评估和他人能力评估找到适合自己的创业合作伙伴。

（资料来源：邹芳，赵辉，2018. 创新创业实务教程[M]. 北京：现代教育出版社.）

6.3 创业财务与营销

场景引入

6.3.1 初创企业财务管理

1. 现金流量表

现金流量表是反应一定时期内(如月度、季度或年度)企业经营活动、投资活动和筹资活动对其现金及现金等价物所产生影响的财务报表。现金流量表是原先财务状况变动表或者资金流动状况表的替代物，它详细描述了由公司的经营、投资与筹资活动所产生的现金流。

现金流量表是告诉我们应准备多少资金才能使企业正常地运作，以最可能出现的状况预测所需的现金额。

把各月的收入和支出分别加总就可以看出各月的盈余和亏损。把当月的盈亏和上月的盈亏加以对照，就可以看出各月积累现金流的总体情况。表 6-6 给出了现金流变化的一个例子，时间从 4 月 1 日到次年 3 月 31 日。

表 6-6 某公司 12 个月的现金流计划 单位：元

项目月份	4 月	5 月	6 月	7 月	8 月	9 月	10 月	11 月	12 月	1 月	2 月	3 月
现金流入	2500	3000	3500	500	500	1000	1000	6000	6000	12000	6000	6000
现金流出	1175	1350	1575	275	275	450	450	900	900	1800	900	900
经营成本	1443	1555	1688	893	893	1055	1455	2380	2380	3530	2180	2330
总成本	2618	2905	3243	1168	1168	1505	1905	3280	3280	5330	3080	3230
盈余或亏损	-118	95	257	-668	-668	-505	-905	2720	2720	6670	2920	2770
积累现金流	-118	-23	234	-434	-1102	-1670	-2512	208	2928	9598	12518	15288

通过制定现金流计划，创业者就能确定自己的流动资金需求。现金流量计划有助于确保企业在正常情况下不会发生无现金经营的窘境。

通过以上几个方面的分析，已经得到了经营是否可行的依据，创业者可以正式做出项目确立与否的决定。

2. 利润表

利润表是反映企业在某一时期内经营成果的财务报表。通常来说，报表编制的频率越高，创业者越能及时了解企业的盈亏状况。

制作利润表共有 5 个具体步骤：

1）计算出企业的销售收入，包括现金销售和赊销两部分。

2）计算出已售产品的成本。计算时可以把销售期间购进的商品价值加到期初库存中，然后减去期末库存品价值。

3）计算出销售毛利，即销售收入和销售成本之差。

4）计算出企业的各项经营性支出，即不构成销售成本的各种成本费用。

5）计算出企业的利润总额和净利润。

例如，某公司 2020 年 6 月经营学生套装获得现金收入 22 万元，赊销产品并得到有效销售凭证的收入 14 万元。期初仓库存有学生套装 600 套，每套 100 元，库存原料 2 万元。

本期购进原材料生产学生套装两种：甲 1000 套，每套 100 元，乙 1000 套，每套 140 元。期末库存学生套装乙 100 套，库存原料 4 万元。

该公司 2020 年 6 月经营性支出发生情况如下：直接成本 12 万元，摊入的间接成本 5 万元，广告宣传费用 1 万元。本企业所得税税率为 25%，利润表如 6-7 所示。

表 6-7　利润表　　单位：万元

项目	本期数	本年合计数（略）
销售收入		
现金销售	22	
赊销收入	14	
销售成本		
期初存货	8	
本期购进	24	
可供销售的库存	32	
减：期末存货	18	
销售毛利	22	
经营性支出	18	
利润总额	4	
所得税	1	
净利润	3	

3. 资产负债表

资产负债表是总括反映企业存续期间某个特定日期财务状况的报表，如表 6-8 所示。资产负债表反映了企业所拥有的资产和所承担的债务，以及投资者或创业者在企业所拥有的权利。计算资产负债表的公式为

资产=负债+净资产（所有者权益）

表 6-8 资产负债表 单位：万元

资产	期末数	负债和所有者权益	期末数
流动资产：		负债：	
现金	5	短期借款	
银行存款	15	应付账款	
应收款	15	应交税金	1
产成品	14（4 件）	一年内到期的长期借款	
原料	3	长期借款	40
流动资产合计	52	负债合计	41
固定资产：		所有者权益：	
土地和建筑	40	收入资本	181
机器与设备	144	利润存留	11
在建工程		月度净利	3
固定资产合计	184	所有者权益合计	195
资产总计	236	负债和所有者权益合计	236

（1）资产

资产包括企业所拥有的所有有价值的东西。价值并不一定意味着成本的替换或其市场价值，而是指实际成本或费用。资产分为流动资产和非流动资产。流动资产包括现金以及其他任何在一年或更短时期内预测可转换成现金或企业经营费用的资产项目。非流动资产是指那些使用寿命为相当长一段时间的有形资产。

（2）负债

负债账户代表企业欠债权人的一切，其中一些是在一年内兑现的流动负债，其他的是长期负债。创业者需要从银行借钱，那么在资产负债表中长期负债将以应付票据的形式显示，相当于借用的资本数额。虽然迅速支付应付账款可以建立良好的信用评级及建立与供应商良好的关系，但为了更有效地管理现金流，企业往往需要延期付款。理论上，任何企业的所有者都希望厂商能准时支付货款，但是，在经济衰退期，许多企业会拖欠账款，以便更好地管理现金流。这种策略的问题是，创业者可能觉得减缓支付账单将产生更好的现金流，但可能发现客户也在想同样的事情，其结果是没有人获得任何优势。

（3）净资产（所有者权益）

其数额等于资产与负债的差额，代表业务净值。

6.3.2 初创企业营销管理

1. 市场营销调研

(1) 市场营销调研的含义

市场营销调研是指运用科学的方法系统地、客观地辨别、收集、分析和传递有关市场营销活动的各方面的信息，为企业营销管理者制定有效的市场营销决策提供重要的依据。与狭义的市场调查不同，市场营销调研是对市场营销活动全过程的分析和研究。市场营销调研的主要作用是通过信息把营销者和消费者、顾客及公众联系起来，这些信息用来辨别和界定营销机会和问题，产生、改善和估价市场营销方案，监控市场营销行为，改进对市场营销过程的认识，帮助企业管理者制定有效的市场营销决策。

市场营销调研是企业营销活动的起点，在企业确定发展方向、制定营销规划和市场营销组合策略等方面有着极其重要的作用，具体表现在以下几个方面。

1）通过市场营销调研发现市场营销机会和市场营销问题。市场营销机会是指新产品导入的必要性、现有产品的重新定位、新市场的开拓、通过强化促销活动来缓和对价格的抗拒、或者通过增加对广告和人员推销的预算来提高需求水平等。市场营销问题包括品牌形象混乱、销售渠道不完备、广告活动达不到目标市场、较低的品牌知名度等。

2）市场营销调研担负着一种确认责任。市场营销调研要确认经营管理者所制定的用以实现市场营销机会的战略，即初步试验。初步试验就是决定哪种战略最适合经营目的的调研，这些目的包括通过广告最大限度地提高产品的知名度、改善消费者对品牌的态度、迅速提高市场占有率、巩固用以长期确保营业收益的基础。

3）评价市场营销业绩。市场营销管理者在初步实验的基础上要选定并实施一系列的市场营销战略，其结果如何呢？对其结果进行评价也是市场营销调研的职责，这是事后调研。事后调研就是对市场营销的业绩进行研究，并以此帮助市场营销决策者做出是否需要对市场营销战略进行某些调整的决定。

4）循环调查研究市场营销环境的变化。瞬息万变的市场环境在给企业进入市场带来困难的同时，也为企业发展创造出许多机遇。企业可以通过市场营销调研了解消费者的意见、态度、消费倾向、购买行为等，并据此进行市场细分，进而确定目标市场，预测产品的潜在市场需求量，分析市场规模和竞争格局，以此作为企业发现市场机会、确定发展方向的依据。市场营销调研的最后职能就是要研究企业实施市场营销计划以后，市场营销环境发生了哪些变化。

(2) 市场营销调研的内容

1）消费者需求。消费者的需求应该是企业一切活动的中心和出发点，因而调查消费者或用户的需求，就成了市场营销调研的重点内容。这一方面主要包括调查和分析市场需求情况、服务对象的人口总数或市场规模、人口结构或用户类型、购买力水平及购买规律、消费结构及变化趋势、购买动机及购买行为、购买习惯及潜在需求、对产品的改进意见及服务要求等。

2）生产者供应。这方面的市场营销调研侧重于与本行业有关的社会商品资源及其构成情况，有关企业的生产规模和技术进步情况，产品的质量、数量、品种、规格的发展情况，原料、材料、零备件的供应变化趋势等情况，并且从中推测出对市场需求和企业经营的影响。

3）销售渠道。这方面的市场营销调研主要是了解商品销售渠道的过去与现状，包括商品的价值运动和实体运动的各个环节，以及推销机构和人员的基本情况、销售渠道的利用情况、促销手段的运用及其存在的问题等。

4）新产品发展趋势。这方面的市场营销调研主要是为企业开发新产品和开拓新市场搜集有关情报，内容包括社会上的新技术、新工艺、新材料的发展情况，新产品与新包装的发展动态或上市情况，某些产品所处的市场生命周期阶段情况，消费者对本企业新老产品的评价以及对其改进的意见等。

5）市场竞争。这方面的市场营销调研主要是为了使企业在市场竞争中处于有利的地位而搜集有关情报，主要包括以下内容：同行业或相近行业的各企业的经济实力、技术和管理方面的进步情况；竞争性产品销售和市场占有情况、竞争者的主要竞争；竞争性产品的品质、性能、用途、包装、价格、交货期限及其他附加利益等。还可以对先进入市场的企业的一些经济技术指标、人员培训方法、重要人才进出情况、新产品的开发计划等情报，加以对比、借鉴或参考。

2. 营销战略

（1）市场细分

1）市场细分的概念。

市场细分最初是由美国市场研究专家 Wendell R. Smith 在 1956 年提出的。20 世纪中期尤其是第二次世界大战结束后，随着生产力及人们生活水平的大幅提高，西方众多产品市场从原有的卖方市场彻底转化为买方市场，在这样的形势下，Wen-dell R. Smith 的团队总结了西方企业在营销方面的经验，提出了市场细分，并通过一系列研究给予其丰富的内涵。

从一定意义上讲，买方市场促发了市场细分，也就是说，市场细分其实就是企业根据市场上消费者需求的不同，对市场进行细分，从而采取相应策略，以适应买方市场所带来的竞争环境。结合以上观点，市场细分可定义为企业通过市场调研，根据市场需求的多样性与异质性，按照一定的标准，把整个消费市场划分为多个子市场的行为。

从另一个角度看，如果极端地认为市场上所有人对于产品的需求都是一样的，也就是需求无差异的时候，就可以把整个消费市场归结为一个大的细分市场。反过来，如果极端地认为每个消费者的需求都是完全个性化的，那么就需要为每个消费者划分一个细分市场，这有点像一对一的买卖。事实上，一对一的买卖成本是比较高的，企业会受到很多方面的制约。因此，企业往往遵循“求大同、存小异”的原则，寻找异质消费者的共同点或相近的因素，从而满足消费者相似的消费需求和消费欲望。市场细分将市场分成若干个子市场，从而形成各种不同需求的顾客群体。在此，有以下几点值得注意：首先，市场细分并不是对企业性质或对产品进行细分；其次，市场细分是依据消费者需求的差异性进行的分类，说是“分”，其实是“合”的过程，是将差异化的消费者归类组合的过程；最后，企业资源的局限性及企业经营的效益原则都是市场细分不可避免的外在因素。当然，市场愈发激烈的竞争也是企业进行市场细分的外部条件。

总之，市场细分是部分企业在衡量成本与效益的基础上，为了发挥有限的优质资源以取得和扩大竞争力而做出的必要选择。

2）组织市场细分的依据。

组织市场细分，又称生产者市场细分、产业市场细分。消费者市场细分中的很多因素同样可以搬到组织市场细分中来，如地理因素、利益因素、使用状况等。当然，除了这些以外，组织市场也有很多自身的因素变量，常见的有最终用途、经营的规模、客户的地理位置、经营变量等。

① 按最终用途细分。按照产品的最终用途来细分市场是产业市场比较常用的细分依据之一。产品的最终用途不同，购买者对产品各方面的需求也不同例如，同样是钢材，建筑公司购买后是用来建造房屋，机电厂商购买后则是用来制造机床，而建筑钢材和机电钢材的质量要求肯定是不一样的。最终用途不同，当然对于产品的规模、型号、质量、价格等方面的需求就不同。因此，企业应根据不同消费者的最终使用需要来制定合理的产品及营销组合。

② 按经营规模细分。产业市场中客户的购买行为差别很大，购买的数量、频率、付款的方式、用户的条件等差异均比消费者市场显著，这主要取决于工业用户的规模参差不齐。一般情况下，大客户个数比较少，但是购买力很强；小客户个数比较多，但购买力较弱。在产业市场中，购买力高度集中在少数的大客户手中，少数大客户占了超过半数的购买规模，所以，很多企业会针对大客户和小客户分别制定不同的制度。

③ 按客户的地理位置细分。受自然资源等地理因素及产业条件、历史传统等环境因素的影响，很多地方会有一些产业相对集中的工业区，如江苏丹阳的眼镜产销基地、浙江海宁皮革城、广东顺德的家电工业园、江浙地区的丝绸棉纺工业区、东北的重工机械制造基地等。很明显，产业市场比消费市场更为集中，企业按照客户的主要地理位置来细分市场，选择客户比较集中的区域作为目标市场，有利于企业节约大量的人力物力，降低成本，集中销售力量，增强企业竞争优势。

④ 按经营变量细分。经营变量指的是企业的资金实力、技术实力、市场占有率、竞争能力及经营效率等方面的状况。不同经营状况的客户所要满足的需求特点也不同，生产商应该根据客户的经营状况实施差别的营销策略。

（2）目标市场选择

1）目标市场的概念。

目标市场是针对每个企业而言的，市场经过细分成为多个子市场，企业通过全面的评价和筛选，最终确定出适合企业去开拓的特定市场，并将主要的营销活动围绕该市场展开，这就是企业的目标市场。目标市场必须是企业经过合理筛选后找到的最符合企业实际情况、最适合企业发挥自身优势或者是最易挖掘潜在需要的细分市场。一般情况下，理想的目标市场往往具备以下一些条件。首先，目标市场必须存在尚未满足的需求，这是首要条件，只有当目标市场存在需求，企业营销才有意义，市场才有介入的价值。其次，目标市场要有足够的销售量，也就是说光有需求还不行，消费者要有满足需求的欲望，也就是购买动机，只有当消费者有足够的购买动机，或者形成了规模化的消费潜力，营销活动才能有效地得到反馈。再次，目标市场必须有介入的余地，尚未被竞争者完全占据。从理论上来说，如果竞争不算激烈，那么也可以认为市场尚未被占据，还有余地可以介入，如果竞争相当激烈，且某些竞争巨头有霸占市场的势头，则很难见缝插针。最后，企业应该综合考量自身情况，确保具备进入目标市场的能力。

2）目标市场选择的依据。

影响目标市场选择的依据有很多，包括市场规模与发展潜力、细分市场的结构吸引力、企业与市场的吻合程度、可获利状况评估等。

① 市场规模与发展潜力。

市场规模主要取决于消费者的数量和消费者的购买能力，发展潜力则意味着市场上消费者对于企业营销活动的敏感程度及可能产生的正面反馈。企业在考量市场规模时既要考虑到现有的市场规模，又要结合其发展潜力，而目标市场的选择也应当对此进行考量，合理的目标市场必须具备一定的市场规模与发展的潜力。当然，这里的市场规模不是说越大越好，一定的市场规模是一个相对的概念。一般情况下，大企业会选择容量较大的市场规模，而中小企业受生产力和其他资源的限制会相应地选择适合自己的市场规模。但是，不管所选择的市场规模是大是小，都必须具备一定的发展前景。

② 细分市场的结构吸引力。

合适的细分市场是具有一定的市场规模和发展潜力的，但这只是一个前提，有一定市场规模和发展潜力的细分市场不一定对企业具有吸引力，只有当该市场中的现有参与者结构满足一定条件，竞争状况和消费者选择相对稳定且适合介入时，企业才会被吸引。所以，结构吸引力也可以被看作市场生存内在吸引力。西方经济学家迈克尔·波特于 20 世纪 80 年代初提出了著名的五力模型，他认为行业中存在着决定竞争规模和程度的五种力量，这五种力量综合起来影响着产业的吸引力。五种力量分别为进入壁垒、现存竞争情况、替代品威胁、卖方议价能力和买方议价能力。

进入壁垒是指细分市场中是否存在大量竞争意识极强的同业竞争者，竞争情况越复杂，对于企业越不利。在相应的竞争下，细分市场是处于稳定状态、扩张状态还是萎缩状态也很重要。如果同行业生产力在增加，但市场并没有显著扩张趋势，则市场必定会出现比较糟糕的情况，固定成本增多，退出壁垒过高，竞争者投资日益加剧，进而导致市场争夺战、价格战等。企业如果面对这样的细分市场，介入的代价会很高昂。

现存竞争情况是指是否存在潜在竞争者，以及潜在竞争者可能加入市场所带来的威胁。同样，潜在竞争者会有加入市场的可能性，他们的加入会给市场带来哪些影响、是否会增加大量的生产力、是否会出现影响目前市场秩序的行为，这些都值得考量。

替代品威胁是指细分市场是否存在替代产品。如果细分市场存在替代产品或者潜在的替代产品，这对介入的企业无疑是一种威胁。替代品对于企业而言是一种限制，使得企业无法随心所欲地制订生产和营销计划。产品的生产、销售都受到替代品的牵制，倘若产品价格过高而替代品价格下降，则消费者无疑会更倾向于替代品消费，企业在逼不得已的情况下只能减少利润甚至亏损。

卖方议价能力主要是指企业供应商的议价能力。如果该市场中的供应商有较强的议价能力，或者存在操控价格嫌疑，那么该市场不宜介入。除了供应商外，卖方议价能力还包括公共资源、公共服务的稳定。

买方议价能力是指市场中消费者的议价能力。消费者的议价能力是企业营销的直接威胁因素，如果市场中的消费者具备较强的议价能力，他们会设法压低价格并对产品提出苛刻要求，这将使得市场的竞争环境进一步恶化，销售利润必然会下滑，企业将面临蒙受损失的压力。

③ 企业与市场的吻合程度。

目标市场与其他细分市场的区别在于，目标市场是基于市场环境及企业自身情况综合考量后确定的。首先，从资源吻合的角度看，企业可以将自身的优质资源合理地投入目标市场，这些优质资源包括企业的资金、技术、人力、区位优势等，它们都能被最大化地用在目标市场中。反过来说，如果该市场确实存在获利机会，也符合企业的介入需要，但是如果企业不具备介入该市场的资源，如没有足够的资金或者没有成熟的技术，抑或是不能通过自身资源在目标市场获得有利竞争优势，那么，这个目标市场也是不适合企业的。其次，从企业长远利益来看，成熟的企业都有自己的发展战略和长远目标，目标市场是否符合企业的长远目标也是企业在选定目标市场时需要考虑的问题。

④ 可获利状况评估。

市场的可获利状况可以从目前的市盈率状况和市场获利潜力两个方面分析。企业都渴望寻求较高的投资回报率，对目标市场现有的盈利状况及获利潜力的分析将有助于企业研究投资回报的高低。理想的目标市场肯定要满足企业合理的投资回报需要。

（3）市场定位

1）市场定位的概念。

定位的概念最早是由美国的两位广告从业人员艾尔·里斯和杰克·特劳特提出的，他们通俗地提出，想要在广告传播和市场推广的丛林沼泽里取得理想的效果，就要集中火力攻击狭小的目标，将市场分割开来。这种想法奠定了市场定位的雏形。市场定位的出现使得企业有了市场立足的依据，企业调查分析现有市场的具体状况，包括竞争者的状况以及消费者对产品的需求等，分析出企业应有的对策，进而塑造出与众不同的个性化形象，并通过一系列营销活动传递给消费者，使得消费者更好地接收到企业的信号，并在消费者心中占据有价值的、独特的位置。市场定位是一种攻心战略，其实质并不是创造一种新奇的事物，而是改变消费者对事物的感受，所以定位并不是以产品为出发点，而是从消费者心理出发，经过一系列研究再反过来影响消费者心理，使其能将本企业与其他企业区别开，形成独立印象。从消费者角度来说，市场定位实际上就为消费者有限的心智提供了简化、独立的信息。消费者在面对多种多样的品牌、产品和信息时，往往会不经意对其进行简化，而市场定位刚好顺应了消费者的简化心理，在区别产品好坏之前，首先让消费者在心理层面获得舒服而独特的感受，这样就能在消费者心理占据一定的竞争性位置，增加消费者的购买倾向。

2）市场定位的方法。

① 避强定位。避强定位是指企业尽量回避与目标市场上的竞争者对抗，尤其是较强的竞争者。避强定位需要企业寻求在目标市场的既有领域中那些被竞争者忽视的潜在需求，在市场缝隙中开发并生产与众不同的产品。避强定位法有效地避开了强有力的对手，使得企业的风险大大降低，实施的成功率较高，尤其是中小型企业，运用恰当的避强定位往往能获得预期的效果。

② 对峙定位。对峙定位是指企业在进行市场定位时选择与竞争者相重合的市场位置，争夺同一需求类型的消费者，简单地说就是以强对强。表面上看，对峙定位风险较大且具有挑战性，市场容量必须足以容纳多家竞争者博弈，对企业实力的要求也相当高，企业必须在质量和价格上做足文章，尽量凸显自己的竞争优势。对峙定位虽然有较大风险，但是对于激励企业自我提升有着很大作用，而且，对峙定位一旦取得成效将会使企业获得巨大的市场优势，其所造成的博弈效应也会增强企业在市场中的影响力。当然，从理性的角度看，对峙定位并不意味

着一定要竭尽全力打垮竞争者，企业的目标是达到预期的市场占有而不一定是完全垄断。

③ 创新定位。创新定位是指企业在市场既有的领域之外寻求新的尚未被竞争者占领的位置，以空白领域为突破口，挖掘消费者的新的需求。创新定位法要求企业有足够敏锐的市场洞察力，同时必须拥有足够成熟的产品技术和营销方案。除此之外，市场是否有足够的空间容下企业的创新定位、能否有足够的消费需求被企业带动起来，也是企业进行创新定位必须考虑的问题。

④ 重新定位。重新定位是指企业因某些原因（如原定位不够准确或者是市场环境发生明显变化）重新进行市场定位，在这个过程中，企业通过调整产品的特色、销售方式等，使消费者对产品有一个新的认识，改变产品和企业在消费者心中的印象。一般情况下，当企业的市场定位出现不合理的偏差、消费者对产品的印象与企业预期的不一致，抑或是原市场定位在实施过程中受阻，企业都有必要及时进行重新定位。市场中其他竞争者的侵占行为也可能导致企业不得已进行重新定位。

（4）营销策略

1）4P’s 营销策略。

4P’s 营销策略自 20 世纪 50 年代末由美国营销管理专家麦卡锡提出以来，对市场营销理论和实践产生了深刻的影响，被营销经理们奉为营销理论中的经典。

4P’s 营销策略是以消费者的需求和欲望为依据，开发和生产产品，制定可以接受的价格，设计分销渠道以便消费者能够购买到产品，通过多种形式的促销，使顾客了解产品和购买产品，即以适当的价格、在适当的地点、用适当的方式、将适当的产品提供给目标顾客。它包括以下内容。①产品（Product）策略。产品策略涉及新产品开发、品牌与商标、包装、产品组合、产品生命周期等方面的策略。②价格（Price）策略。价格策略涉及多重目标，主要是要支持产品的营销策略、实现组织财务目标和适应市场环境现实。③渠道（Place）策略。渠道策略涉及企业为顾客创造时间、地点和所有效用的能力，其中还涉及物流管理。④促销（Promotion）策略。促销策略涉及企业将其营销策略的有关信息传达给渠道成员和最终顾客，以协助和促进产品的销售。促销手段包括广告、人员推销、公关宣传和销售促进等。

上述四方面策略在企业的营销活动中的地位不是平行的或同等重要的，而是有次序的，其中产品是最重要的因素，其次是价格、渠道和促销。

2）4C’s 营销策略。

4C’s 营销策略包括以下内容。

① 瞄准消费者需求（consumer demands）。企业要了解、研究、分析消费者的需要与欲求，而不是先考虑企业能生产什么产品。

② 消费者所愿意支付的成本（cost）。企业要了解消费者满足需要与欲求愿意付出多少钱（成本），而不是先给产品定价，即向消费者要多少钱。

③ 消费者的便利性（convenience）。企业要考虑消费者在购物等交易过程时如何为其提供方便，而不是先考虑销售渠道的选择和策略。

④ 与消费者沟通（communication）。以消费者为中心实施营销沟通是十分重要的，通过互动、沟通等方式，将企业内外营销不断进行整合，把消费者和企业双方的利益无形地整合在一起。

【案例故事】

青岛水饺进京记

船歌鱼水饺是青岛的一个区域性餐饮品牌，它在青岛当地非常知名。据统计，如果你在青岛旅游待 3 天的话，一定会有一顿饭是在船歌鱼水饺饭店吃的，因为它代表了青岛的特色。但是它开拓青岛以外的市场，尤其是离开山东，却没有那么顺利。在它准备进入北京市场时，遇到了巨大压力。

和大多数区域品牌曾经遭遇的困境大同小异：北京相对于其他地方来说成本更高，区域品牌的知名度很难换得优质商业地段的足够重视；在山东受欢迎的主打产品，能否在北京等外地一炮打响，也缺少把握；原来驾轻就熟的启动方式、可用资源，在北京可能失效。

于是，船歌鱼水饺的营销团队就想通过社会营销的方式来支援其在北京开店，同时兼顾考虑把一个区域品牌推向全国。

1. 找对核心层

针对船歌鱼水饺这样一个项目、一个对北京大众来说完全陌生的品牌，怎样来定义它的核心层呢？

通过头脑风暴，营销团队把核心层人员定义为在北京的青岛人，之后通过各种社会化媒体的方式来勾起在北京的青岛人对青岛的吃食、对青岛品牌的回忆。在这个过程中，营销团队给该社群起名叫“饺子帮”，每个人称为“饺子侠”，社群成员还有自己专属身份的象征，就是“饺子令”。

2. 给活动以符号，融入品牌含义

饺子令分别为黑色、黄色和白色的饺子，非常鲜明地代表了船歌鱼水饺的产品特色。

无论是“饺子帮”“饺子令”，还是“饺子侠”，这些都是跟产品相关的信息。持有“饺子令”的“饺子侠”都是有特权的：可以享受八八折优惠，可以由帮秘负责为其提前订位。

3. 建立影响层

在建立粉丝基本盘之后，营销团队又建立了另外一个基本盘，就是北京吃货这个群体。

营销团队开发了一款可以网上购买的产品，并利用顺丰冷链技术，让消费者可以在网上订购饺子礼盒，在家里体验饺子，引发他们的味觉，吸引他们进店体验。此外，营销团队还邀请“饺子侠”们在店里体验产品，一起包饺子。在这个过程中，“饺子侠”们与品牌之间的关系变得越来越亲密。

4. 结合热点助推

营销团队又抓住了“冬至吃饺子”这一主题，在这个节点主打感情牌：针对冬至有吃饺子的习惯，设计了H5，主打家人的惦念。

通过一系列的社会营销，船歌鱼水饺在北京的第一家店火爆开业。

分析：

如今，社会化营销越来越受人关注。社会化营销是基于人们可以极大参与和在线互动的媒体来进行公关和营销。社会化营销工具包括微博、微信、博客、SNS、视频等。在本案例中，船鱼歌营销团队通过建立粉丝群，邀请粉丝到店包饺子等措施提高人们的互动和参与感。

链接是社会化营销理念的核心。社会化媒体区别于传统媒体最本质的特征在于，它将消费者前所未有地连接在了一起，使消费者不再是一个个孤立的节点，而是镶嵌在社交网络中、被赋予了网络属性的节点。这个本质性的转变使得消费者之间有了沟通和互动的机会，每个人的行为意愿都有可能受到网络中其他节点的影响。

内容是社会化营销的灵魂。社会化媒体聚集了大量的口碑内容，企业可以通过主动感知，收集品牌相关的口碑信息，进而深入研究客户体验，为品牌保持优势、优化体验提供真实、全面、实时的信息。

接近是社会化营销的重要手段。企业需要开展有效的“突围”，通过沟通和互动拉近与消费者的距离，避免自己的“声音”被湮没在碎片化信息的浪潮中。

合作是社会化营销的最终目的。企业需要与消费者开展有效的合作，通过吸引消费者参与企业的营销活动，了解消费者的真实需求，从而挖掘更深层次的商业价值。

实训

实训一　细分市场与营销策略分析

选择一家企业，对其细分市场及相应的营销策略进行分析讨论，并总结自己的心得感悟。

【解读】

要选择一家有代表性的企业，通过网络、书籍等了解其细分市场和营销策略。本活动主要锻炼学生的信息搜集能力和分析能力。

实训二 现金流测算与控制

业主程超计划在镇上开办一家金银首饰加工店，他为生意的前 6 个月准备了以下现金流量计划（表 6-9）。评估一下这个现金流量计划并回答以下问题：

1）4 月份流入企业的现金总量是多少？

2）5 月份流出企业的现金总量是多少？

3）程超期望在几月份购买新设备？

4）你认为程超实际需要多少钱来开办他的新企业？

表 6-9 现金流量计划 单位：元

项目		月份				
		1	2	3	4	5
现金流入	月初现金	1500	250	250	3000	855
	现金销售	1250	2250	3750	4250	4250
	其他现金收入	0	0	1450	0	0
	可支配现金	2750	2500	5450	7250	5105
现金流出	现金采购支出	1800	1550	1750	1850	1850
	工资	450	450	450	545	545
	办公开支	250	250	250	250	250
	购买设备	0	0	0	3750	0
	其他现金支出	0	0	0	0	0
	现金总支出	2500	2250	2450	6395	2645
月底现金		250	250	3000	855	2460

【解读】

通过此活动锻炼理解现金流量计划表的能力，并能根据现金流量计划表预测企业所需的创建与经营资金。

6.4 创业计划与创立企业

场景引入

6.4.1 撰写创业计划书

1. 创业计划书的结构

创业计划书通常包括封面、保密要求、目录、摘要、正文、附录等部分。

（1）封面

封面又称标题页，可以放一张企业的项目或产品彩图，但须留出足够的版面排列以下内容：创业计划书编号、公司名称、项目名称、项目单位、地址、电话、传真、电子邮件、联系人、公司主页、日期等。

（2）保密要求

保密要求可放在标题页，也可放在次页，主要是要求投资方项目经理妥善保管创业计划书，未经融资企业同意，不得向第三方公开创业计划书涉及的商业秘密。

（3）目录

目录标明各部分内容及页码，要注意确认目录页码同内容的一致性。

（4）摘要

摘要是对整个创业计划书的概括，其目的在于用最简练的语言将创业计划书的核心、要点、特色展现出来，吸引投资者仔细读完全部文本。因此，摘要一定要简练，一般要求在两页纸内完成。摘要十分重要，它是投资者首先要看的内容，必须能让投资者有兴趣并渴望得到更多的信息，给投资者留下深刻的印象。摘要应从正文中摘录出投资者最关心的问题，对公司内部的基本情况、公司的能力及局限性、公司的竞争对手、营销和财务战略、公司的管理队伍等情况做出简明而生动的概括。

（5）正文

正文是创业计划书的主体部分，要分别从公司基本情况、经营管理团队、产品/服务、技术研究与开发、行业及市场预测、营销策略、产品制造、经营管理、融资计划、财务预测、风险控制等方面对投资者关心的问题进行介绍，要求既要有丰富的数据资料，使人信服，又要突出重点，实事求是。

（6）附录

附录是对正文中涉及的相关数据、相关资料的补充，作为备查。

2. 创业计划书的写作

创业计划书的内容及写作要点如下。

（1）摘要

摘要是为了吸引战略合伙人与风险投资者的注意而将创业计划书的核心内容提炼出来制作而成的，它是整个创业计划书的精华，涵盖创业计划书的要点。

摘要如同推销产品的广告，编制人要反复推敲，力求精益求精，形式完美，语句清晰流畅而富有感染力，以引起投资者阅读创业计划书的兴趣。摘要特别要说明自身企业的不同之处及企业获取成功的市场因素。

（2）企业介绍

企业介绍是向战略合伙人或者风险投资者介绍融资企业或项目的基本情况。具体而言，如果企业处于种子期或创建期，现在只有一个美妙的商业创意，那么就应重点介绍创业者的成长经历、求学过程，并突出其性格、兴趣爱好与特长，创业者的追求，独立创业的原因及创意是如何产生的。如果企业处于成长期，则应简明扼要地介绍公司过去的发展历史、现在的状况及未来的规划，具体包括以下内容：公司概述、公司名称、地址、联系方式；公司的业务状况；公司的发展历程；对公司未来发展的详尽规划；公司的竞争优势；公司的法律地位；公司的公共关系；公司的知识产权；公司的财务管理；公司的纳税情况；等等。在描述公司发展历程时，正面和反面的经验都要写，特别是不要回避以往的失误，要对失误进行客观描述和中肯分析，这样才能赢得投资者的信任。

（3）管理团队介绍

管理团队是投资者非常看重的，这部分内容主要是向投资者展现企业管理团队的结构、管理水平和能力、职业道德与素质，使投资者了解管理团队的能力，从而增强投资的信心。

这部分主要介绍管理团队、技术团队、营销团队的工作简历、取得的业绩，尤其是与目前从事工作有关的经历。另外，可以着重介绍企业目前的管理模式，如果没有特色，也可以不介绍，或者归入劣势部分。

在编写过程中，首先要对公司管理的主要情况做一个全面的介绍，包括公司的主要股东及股权结构、董事和其他一些高级职员、主要成员及公司管理人员的职权分配和薪酬体系等。必要时，还要详细介绍他们的经历和个人背景。企业的管理人员应该是互补型的，而且要具有团队精神。一个企业必须具备负责产品设计与开发、市场营销、生产作业管理、企业理财等方面的专业人才。

此外，在这部分内容中，还应对公司的组织结构做一简要介绍，包括公司的组织结构图、各部门的功能与责任、各部门的负责人及主要成员、公司的薪酬体系等。

这部分内容应能够让投资者认识到，管理团队人才济济且结构合理，在产品设计与开发、财务管理、市场营销等方面均具有独当一面的能力，足以保证公司以后成长发展的需要。

（4）技术产品（服务）介绍

在进行投资项目评估时，投资人最关心的问题之一就是企业的产品（服务）能否解决现实生活中的问题，或者企业的产品（服务）能否帮助顾客节约开支、增加收入，这是市场销售业绩的基础。

技术产品（服务）介绍一般包括以下内容：产品的名称、特性及性能用途；产品处于生命周期的哪一阶段，市场竞争力如何；产品的研究和开发过程；产品的技术改进、更新换代或新产品研发计划及相应的成本；产品的市场前景预测；产品的品牌和专利；等等。

在这一部分，创业者要对产品（服务）做出详细的说明，说明要准确、通俗易懂，让非专业的投资者也能明白。一般来说，产品介绍要附上产品原型、照片或其他介绍。

此外，对于一些以技术研发为重点的高新技术企业来说，还要对相关技术及其企业研发情况进行分析，包括企业技术来源、技术原理、技术先进性、技术可靠性，企业的技术研发力量和未来的技术发展趋势，企业研究开发新产品的成本预算及时间进度，技术的专利申请、权属及保护情况，技术发展后劲和技术储备等，以使投资者对企业的技术研发队伍实力、企业未来竞争发展对技术研发的需要有所了解。

产品（服务）介绍的内容比较具体，因而写起来相对容易。虽然夸赞自己的产品是推销所必需的，但需要注意的是，创业者和投资者建立的是一种长期合作的伙伴关系，空口许诺，只能得意于一时。如果企业不能兑现承诺，不能偿还债务，企业的信誉必然会受到极大的损害。

（5）行业与市场分析预测

行业与市场分析主要是对企业所在行业的基本情况、企业的产品（服务）的现有市场情况、未来市场前景等进行分析，使投资者对产品（服务）的市场销售状况有所了解。这是投资者关注的重点问题之一。

（6）市场营销策略

企业的盈利和发展最终都要拿到市场上去检验，营销成败直接决定了企业的生存命运。

在介绍市场营销策略时，创业者要讨论不同营销渠道的利弊，要明确哪些企业主管专门负责销售，主要适用哪些促销工具，以及促销目标的实现和具体经费的支出等。

一般来说，中小企业可选择的市场营销策略有以下几种。

1）集中性营销策略。该策略是指企业只为单一的、特别的细分市场提供一种类型的产品（如制造汽车配件）。该策略尤其适用于财力有限的小公司，或者是为某种特殊类型的顾客提供服务方面确有一技之长的组织。

2）差异性营销策略。该策略是指为不同的市场设计和提供不同类型的产品。该策略大多为那些实力雄厚的大公司所采用。

3）无差异性营销策略。该策略是指只向市场提供单一品种的产品，希望它能引起整体市场上全部顾客的兴趣。当人们的需求比较简单，或者并不被人们认为很重要时，该策略较为适用。

（7）生产计划

生产计划旨在使投资者了解产品的生产经营状况。这一部分应尽可能把新产品的生产制造及经营过程展示给投资者。主要内容如下。

1）企业现有的生产技术能力，企业生产制造所需的厂房、设备情况。

2）质量控制和改进能力。

3）新产品的生产经营计划，改进或将要购置的生产设备及其成本。

4）现有的生产工艺流程，生产周期标准的制定及生产作业计划的编制。

5）物资需求计划及其保证措施，供货者的前置期和资源的需求量。

6）劳动力和雇员的有关情况。

同时，为了增大企业的评估价值，创业者应使生产计划尽可能地详细、可靠。

（8）财务分析与预测

财务分析与预测包括企业过去若干年的财务状况分析、今后三年的发展预测，以及详细的投资计划，旨在使投资者据此判断企业未来经营的财务状况，进而判断其投资能否获得理想的回报，因而它是决定投资决策的关键因素之一。

财务预测的依据、前提假设是投资者判断企业财务预测准确性和财务管理水平的标尺，也是投资者关注的焦点。财务预测的主要依据和前提假设是企业的经营计划、市场分析。由于财务分析预测在企业经营管理中具有重要地位，企业需要花费较多的精力来做具体财务分析，必要时，最好与专家顾问进行商讨。

对于中小企业来说，财务预测既要为投资者描绘出美好的合作前景，又要使这种前景建立在坚实的基础之上，否则会令投资者怀疑企业管理者的诚信或财务分析、预测及管理能力。

（9）融资计划

融资计划主要是根据企业的经营计划，提出企业资金需求数量、融资方式、融资工具，投资者的权益、财务收益及其资金安全保证、投资退出方式等，它是资金供求双方共同合作前景的计划分析。

融资计划的主要内容如下。

1）融资数额是多少？已经获得了哪些投资？希望向战略合伙人或风险投资者融资多少？计划采取哪种融资工具？是以贷款、出售债券，还是以出售普通股、优先股的形式筹集？

2）企业未来的资本结构如何安排？企业的全部债务情况如何？

3）企业融资应提供抵押、担保文件，包括以什么物品进行抵押或者质押、什么人或者机构提供担保。

4）投资收益和未来再投资的安排如何？

5）如果以股权形式投资，双方对公司股权、控制权、所有权比例的如何安排？

6）投资者介入企业后，企业的经营管理体制如何设定？

7）投资资金如何运作？投资的预期回报如何？投资者如何监督、控制企业运作？

8）对于吸引风险投资的，风险投资的退出途径和方式是什么？是企业回购、股份转让，还是企业上市？

这部分是融资协议的主要内容，企业既要对融资需求、用途提出令人信服的理由，又要有令人心动的投资回报和投资条件，同时也要注意维护企业自身的利益，其基础是企业的财务分析与预测。

由于与资金供给方合作的模式有多种，因此还需要设计几种备选方案，给出不同盈利模式下的资金需求量及资金投向。

（10）风险分析

风险分析主要是向投资者分析企业可能面临的各种风险隐患、风险的大小及融资者将采取何种措施来降低或防范风险、增加收益等。风险分析主要包括以下内容。

1）企业自身各方面的限制，如资源限制、管理经验限制、生产条件限制等。

2）创业者自身的不足，包括技术上的、经验上的或者管理能力上的欠缺等。

3）市场的不确定性。

4）技术产品开发的不确定性。

5）财务收益的不确定性。

6）针对企业存在的每一种风险，企业进行风险控制与防范的对策或措施。

对于企业可能面临的各种风险，融资者最好采取客观、实事求是的态度，不能因为其产生的可能性小而忽略不计，也不能为了增大获得投资的机会而故意缩小、隐瞒风险因素，应该对企业所面临的各种风险认真加以分析，并针对每一种可能发生的风险做出相应的防范措施，这样才能取得投资者的信任，也有利于引入投资后双方的合作。

（11）附件和备查资料

附件主要是对创业计划书中涉及的一些问题的细节和相关的证书、图表进行描述或证明，如企业的营业执照、公司章程、验资审计报告、税务登记证、高新技术企业（项目）证书、专利证书、鉴定报告、市场调查数据、主要供货商及经销商名单、主要客户名单、场地租用证明、公司及其产品的介绍资料、工艺流程图、各种财务报表及财务预测表、专业术语说明等。它与创业计划书主体部分一起装订成册。备查资料只需列出清单，待资金供给方有投资意向时查询。

6.4.2 路演创业计划

1. 创业路演的含义

路演即在“马路”上进行的演示活动，也有人把它说成“陆演”，指在陆地上的演说。路演是指在公共场所进行演说、演示产品、推介理念，以及向他人推广自己的公司、团体、产品、想法的一种方式。

路演最初是证券发行的一种推广方式，是指证券发行商介绍公司优势、经营业绩、产品服务、发展方向与潜力、投资价值等信息，向投资者推介的活动。目前，路演的内涵与形式拓展延伸很广，在很大程度上已成为展示发布、宣传推广活动的代名词。本书将路演界定为：创业者向投资者（或特定对象，如大学生创新创业大赛评委）介绍展示创业项目，以获得认可与资源的沟通活动。

创业路演从形式上可分为两种：①传统的线下现场活动；②借助网络平台（如网络直播平台、电视电话会议系统、QQ 群、微信群等）的线上路演。传统的现场路演，目前主要有四种模式：①“一对一”模式；②“私董会”模式（特定的投资圈及精筛项目对接）；③孵化平台模式（由政府相关部门、投资机构、孵化器、创业服务等机构定期举办的项目路演会或专场路演会）；④创业大赛模式（带有推广和比赛性质）。

2. 创业路演的准备

常言道，“准备足，成功易”。为取得较好的路演效果，充分的准备工作是关键。一般来说，路演前要做好目的、对象、信息、心理、材料、演讲和答辩等多方面的准备。

（1）目的准备

明确目的和澄清需求动机是创业者做路演准备的第一步。创业者参加路演前，需要明白为何参加这场路演，通过路演欲达到的目标是什么，这是准备工作的前提和基础。创业者参加路演，有的是为了项目融资，有的是为了推广产品，有的是为了推广品牌，有的是为了认识投资者进入创业圈，有的是为了完善创业想法寻找合伙人，还有的是为了获奖……路演的目的决定着路演的定位、思路与方案。

（2）对象准备

路演前，创业者需要明确路演的对象，即听众是谁。路演的对象分为投资者（一般投资经理、投资决策关键人等）、比赛评委、专家顾问、代理商、合作伙伴、创业团队等。不同类别的对象，路演的目的和要求也不同。路演前，创业者需要详细了解路演对象的背景、偏好、思维模式、性别、年龄、阅历、职位等信息，以提升路演沟通的效果。明确并了解路演对象后，创业者需要以“换位思考”的方式，做好对方想听什么、想要什么、关心什么和可能问什么等内容的准备。

（3）信息准备

路演前，创业者还需要做好各种信息的准备。首先，对创业计划各个部分内容的信息要了解透彻，特别要注意根据创业进展更新关于企业、项目、产品、市场、财务和团队的相关信息，力求信息准确、及时和到位。其次，做好路演现场各种信息的了解，如路演时间、地点、时长要求、方式、对象、听众人数、现场条件、环境等细节，以免出现意外情况。

（4）心理准备

路演过程中有时难免遇到紧张或突发状况，因此充分的心理准备有助于克服这些问题。首先，创业者要建立自信，要对自己、团队、项目和准备有充足的信心。其次，创业者要克服心理紧张与恐惧，把路演当成一次普通的演讲或沟通，通过语言节奏和呼吸调整等方式减轻心理压力，遇到忘词或干扰等情况时可停顿、回顾或跳过，保持镇定。最后，创业者要对路演效果不好或失败持客观与平和的心态，要理解未获得认可或投资，不一定是路演或项目本身不好，有可能是理念不合、行业偏差或投资额度不够等对方的问题。

（5）材料准备

最重要的路演材料是路演 PPT。路演 PPT 的准备要注意是否是最终版本、是否需要转换文件格式、是否需要多备份一份等细节。路演材料还可以根据路演方案，准备视频、创业计划书、产品样品、证据材料、宣传材料等。

（6）演讲准备

演讲是路演的重点和关键。演讲要做好构思故事、撰写讲稿、彩排训练、形象设计等方面的准备。为吸引和打动听众，构思一个好的故事是一个好办法。构思故事可以参考著名创业家马斯克的逻辑：①提出市场问题或用户痛点；②讲述该问题如果得不到解决带来的后果；③对比展示该问题若得到解决的光明前景；④分析解决该问题的障碍与瓶颈，并给出解决方案及其优势；⑤用事实和数据证明方案是可行的。撰写演讲稿要结合执行概要和 PPT 思路顺序，根据演讲目的、时长和听众来确定演讲稿的重点与字数，演讲稿的语言尽量多用易懂的短句，可以适当根据演讲情景进行润色。演讲准备最重要的是通过彩排进行多次训练，讲得多了，对内容熟悉了，信心和效果也就出来了。要通过彩排训练，对演讲过程进行充分打磨、完善，做到时间控制合理、团队分工配合默契、有效应对现场意外状况的发生。需要注意的是，路演最忌讳的是念 PPT，这不符合路演的基本要求。另外，演讲者还应做好着装、礼仪等方面的准备。

（7）答辩准备

路演陈述完成后，一般都有听众的互动答辩环节。答辩环节主要从常见问题和回答策略技巧两个方面做好准备。针对创业项目和路演设计，创业者要尽量准备好一些常见问题的答案，做到心中有数。在回答策略技巧方面要做到以下几点。①正确理解评委的提问。对评委问题的要点要有准确的理解，回答应具有针对性而不是泛泛而谈。②尽量及时流畅地做出回答，创业者应能够在评委提问结束后迅速做出回答，回答应内容连贯、条理清晰。③回答内容准确可信。回答内容建立在准确的事实和可信的逻辑推理基础上。④特定方面的充分阐述。创业者应对评委特别提出的方面能够做出充分的解释和说明。⑤对某些刁难问题应尽量回避，不宜直接顶回，而应尽量展示机智、幽默和情怀，也可由团队其他成员配合化解。

3. 创业计划路演技巧

（1）讲清楚

路演的最基本要求是把项目讲清楚，重点要把以下 4 个基本方面的情况介绍清楚。

1）讲清楚团队及其优势。首先，要讲清楚“你是谁”，这个项目主要由谁来干，即重点介绍核心团队成员及其分工。其次，要讲清楚为何这个团队可以把这件事做成，即讲清楚团队的优势。团队的优势可以从背景、经验、结构、互补性、过往相关绩效等方面，用事例和数据佐证。在介绍团队时，可采用组织结构图、鱼骨图、数据化等直观方式展示在路演 PPT 中。

2）讲清楚项目及其优势。如果创业者能够清晰回答以下问题，就说明把项目及其优势讲明白了。①为谁提供服务？用户和客户到底是哪个群体？②为目标用户解决的第一痛点是什么？③解决用户痛点的具体方案是什么？如何证明真正解决了？④解决方案的竞争优势和壁垒在哪里？有多大？在讲解这部分内容时，可采用列表对比、SWOT 分析、事实证据等方法。

3）讲清楚盈利模式。讲清楚盈利模式就是要讲清楚项目如何盈利。创业者可以从哪里赚钱（即利润来源）、靠什么赚钱（即利润点）和能赚多少钱（即投资回报率）等方面进行概要介绍。讲解这部分内容最好采用类比成功案例的方法，如快递行业的顺丰等，这样既通俗易懂，又能快速获得认同。

4）讲清楚成功依据。路演的中心论点和目标是说服听众创业项目是现实可行的，且成功的可能性是非常大的。所以，要从创业团队拥有什么、干成了什么和准备怎么干 3 个方面阐述明白。拥有什么，可以从团队软实力与硬实力、拥有的技术专利与成果、可控的资源网络与市场渠道等方面进行介绍。干成了什么，可以从产品开发进程、市场开拓业绩、已有运营数据、第三方权威报道和鉴定等方面进行阐述。准备怎么干，可以从生产计划、营销策略、销售计划、财务预算等方面进行讲解。这部分的讲解，可采用演示、例证、数据、方案等方法进行佐证说明。

（2）讲关键

创业成功有 3 个关键点：人、事、利。首先，创业成功是人干出来的，团队是第一核心要素。因此，要证明将项目做成的团队是靠谱的团队，就要讲出团队各方面的软实力，这是创业成功的首要关键。其次，创业不能仅靠梦想和激情，不能仅停留在创意和逻辑推演阶段，更需要用实战业绩来证实。最后，创业要保证财务上可行并具有吸引力。创业者要讲清楚如何通过系统化的商业模式设计聚集核心竞争力，为用户和客户创造最大化价值，以确保利润可持续与最大化。

（3）讲生动

成功的路演往往是专业而生动的。如何在讲清楚的基础上，把路演设计得更生动、更吸引人呢？可采用讲故事、植入场景、互动等方法。如何寻找、设计故事呢？可以从创意来源、市场痛点、创始人经历、典型用户、领先客户、意外事件等方面来构思故事。所讲的故事应尽可能贴切、简短、富有创意并具有说服力。植入场景是指路演过程中采用真实情景再现或情景模拟的方式，增强路演的直观性和感染力。场景可以是市场痛点解决前后的情景、产品服务的应用场景、销售现场的火爆场面、用户体验与反馈评价的情景等。植入场景可以采用情景剧、魔术表演、真实视频、模拟对话、展示演示、直接连线等多种方式。在路演过程中，如果能做到与听众直接互动，而不是单纯地讲解与展示，效果自然会好得多。路演现场的互动，可采用现场提问或调查、产品服务体验、亲自操作、扫码、抽奖、促销等方法。

需要提醒的是，以上方式方法都是表现形式，切忌现场气氛高涨却没有把计划讲清楚，形式必须服务于内容与目的，避免舍本逐末甚至弄巧成拙。

（4）答到位

路演最后的问答环节也非常重要，此时投资者往往要考察创业者的综合素养，挖掘问题的本质，以及进一步深入了解细节，这是说服打动投资者的最后机会。

在现场回答投资者问题时，需要注意以下几点。

1）对问题的要点要有准确的理解，回答要具有针对性而不是泛泛而谈。

2）尽可能迅速地作答，条理清晰、重点突出、逻辑严谨。

3）回答应尽量准确、充分，有理有据，回答内容宜多用具体的事实、数据和案例。

4）团队成员在回答时应尽量配合默契，发挥各自职能与专业，优势互补。

4. 大学生创业路演常见问题

由于大学生创业经验不足，在创业路演时容易出现一些问题。下面对常见问题进行逐一剖析，给出应对的策略和建议。

（1）讲不明白

讲不明白是最常见、最严重的问题之一，具体表现为内容要素不完整、重点不突出、缺乏逻辑、论点不明确、论据没有说服力。路演完成后，听众还不清楚项目是什么，优势在哪里，怎么干。这种问题的根源在于创业者的想法不成熟，缺乏深入的逻辑论证与实践探索，计划思路不清晰，路演的准备不够充分，对项目理解不够深入等。

对策与建议：系统撰写创业计划书，厘清创业思路，推演并实践商业模式，梳理出清晰的内容及其重点，进行多次彩排与演讲训练，做好充分的准备工作。

（2）念稿背诵

有些大学生创业者在路演时，不是演讲，而是念 PPT，或把准备的演讲稿背诵出来。这种路演会给听众带来不自信、准备不充分、缺乏专业素养和创业精神的不良印象，导致路演效果不佳。出现这种问题的原因可能是演讲者不是主要参与者，缺乏路演常识，没有做好准备，或者没有选对人。

对策与建议：选择演讲能力强的团队成员上场，开展系统化的演讲训练。

（3）坐井观天

在路演时，有的大学生创业者认为自己的创意属于首创，未做充分调研；有的梦想无限美好，故事很煽情，但没有落地的解决方案，自己无力实现，错把创意当项目；有的自认为技术、产品世界领先，属于市场空白，没有竞争对手，盲目自大；有的盲目乐观，好像只要自己做，市场就唾手可得……这些现象的背后，反映的是这些大学生创业者缺乏创业常识，缺乏对行业、市场和竞争环境的调查了解，缺乏创业实战经验。

对策与建议：有自信是必要的，但更需要大学生创业者去做深入的调研与分析，不要以自我为中心，要多去实践与尝试。

（4）拼凑编造

有的大学生创业者，路演的项目不是自己的，甚至创意也是复制别人的，计划纯属拼凑和编造；有的为了包装项目，篡改甚至编造数据，伪造专利成果和证书，无中生有；等等。这些问题多出现在创业比赛中，纯属为了比赛而参加。

对策与建议：诚信务实，实事求是，切忌弄虚作假，过度包装。

（5）低级错误

有的大学生创业者的路演 PPT 上是密密麻麻的文字，字多图少，看不清文字，甚至文字写错；有的数据“打架”；有的逻辑不通……这些问题的出现，多源于大学生创业者缺乏路演、PPT 制作的训练，缺乏系统、充分的准备，缺乏团队之间的配合。

对策与建议：通过相关培训，培养认真严谨的态度，养成精益求精的习惯，加强团队协作。

6.4.3 创立企业

1. 公司注册的前期准备

创业者在注册新公司之前，需要做好以下几个方面的准备。

（1）确定公司的股东（投资人）

股东是公司的出资人，即投资者，注册公司前首先要确定股东。

有权代表国家投资的政府部门或机构、企业法人、具有法人资格的事业单位和社会团体、自然人都可以成为公司的股东。

（2）确定公司的名称

申请企业名称预先核准（即核名），是办理企业登记注册的第一步。提交核名前，创业者需要按照法律法规对企业名称的相关规定，预先取好 3～5 个企业名称待审核。在提交名称时，需要确定好其优先顺序。

在给企业起名时，要注意企业只能使用一个名称，在登记主管机关辖区内不得与已登记注册的同行业企业名称相同或近似。企业名称一般由 4 部分构成：行政区划（也可以不使用）+字号+行业（经营特点）+组织形式。其中，行政区划一般放在名称最前面，也可以放在名称中间，但应加上括号，如“中青创想教育科技（北京）有限责任公司”；字号一般应当由两个以上汉字组成，行政区划不得用作字号，但县以上行政区划地名具有其他含义的除外，可以使用投资人的姓名作为字号；行业是指所要从事的主要经营项目，如以经营服装为主的，可表述为“商业”“服装”“贸易”等，以技术开发为主的，可表述为“科技”“技术”“科技开发”等；组织形式是企业组织结构或责任形式的体现，公司制企业一般应表述为“有限（责任）公司”“股份（有限）公司”。

（3）确定公司的地址

创业者经营地址的选择包括两个方面：①选择地区，指不同地理区域或城市，影响地区选择的因素主要有政治、经济、技术、社会和自然等 5 个因素；②选择具体地址，影响具体地址选择的因素主要有交通、资源、消费群体、社区环境和商业环境等。

一般来说，生产性质的创业企业选址要考虑生产条件，即原材料的供应地距离与价格、交通运输是否便利、具备生产水电与环保条件与否、有无优惠政策等。商业性质的创业企业选址应考虑客流量、租金、人群消费能力等。服务性质的创业企业选址要根据具体的经营对象灵活选址，但对客流量要求较高。知识技术型的创业企业（如网络技术、电子科技、媒体制作和广告等）可考虑选在行业聚集区或成熟商务区及相应产业园区。

确定公司的注册地址后，按照规定需要准备注册经营地的相关产权证明或租赁合同。

（4）确定公司的经营范围

经营范围是指国家允许企业法人生产和经营的商品类别、品种及服务项目，反映企业法人业务活动的内容和生产经营方向，是企业法人业务活动范围的法律界限，体现企业法人民事权利能力和行为能力的核心内容。2015 年 10 月 1 日起施行的《企业经营范围登记管理规定》中规定如下。

1）经营范围是企业从事经营活动的业务范围，应当依法经企业登记机关登记。

2）企业的经营范围应当包含或者体现企业名称中的行业或者经营特征。

3）申请人应当参照《国民经济行业分类》选择一种或多种小类、中类或者大类自主提出经营范围登记申请。对《国民经济行业分类》中没有规范的新兴行业或者具体经营项目，可以参照政策文件、行业习惯或者专业文献等提出申请。

4）企业的经营范围应当与章程或者合伙协议规定相一致。

5）企业申请登记的经营范围中属于法律、行政法规或者国务院决定规定在登记前须经批准的经营项目（以下称“前置许可经营项目”）的，应当在申请登记前报经有关部门批准后，凭审批机关的批准文件、证件向企业登记机关申请登记。

6）企业登记机关依照审批机关的批准文件、证件登记前置许可经营项目进行登记。批准文件、证件对前置许可经营项目没有表述的，依照有关法律、行政法规或者国务院决定的规定和《国民经济行业分类》进行登记。

部分行业企业常见经营项目范围的表述见表 6-10。

表 6-10　部分行业企业常见经营项目范围的表述

企业类别	常见经营项目范围表述
科技类企业	一般经营项目：技术开发、技术推广、技术转让、技术咨询、技术服务；软件开发
房地产类企业	许可经营项目：房地产开发；物业管理 一般经营项目：从事房地产经纪业务
商贸类企业	一般经营项目：销售日用品、文化用品、体育用品、化妆品、服装鞋帽、针纺织品、工艺美术品、珠宝首饰、电子产品、计算机软硬件及辅助设备、家用电器、汽车（不含九座以下乘用车）、汽车零配件、摩托车（不含三轮摩托车）、机械设备、五金交电、通信设备、医疗器械Ⅰ类、新鲜水果、新鲜蔬菜、不再分装的包装种子、化肥、农药（危险化学品农药除外）、建筑材料、矿产品、化工产品（不含危险化学品及一类易制毒化学品）、金属制品、塑料制品、橡胶制品
商务服务类企业	一般经营项目：项目投资；投资管理；企业管理；经济贸易咨询；市场调查；承办展览展示；设计、制作、代理、发布广告；商标代理、版权代理；翻译服务；打字、复印
餐饮、住宿类企业	许可经营项目：餐饮服务、住宿（具体表述用语根据许可内容核定）

（5）确定股东的出资

自 2018 年 10 月 26 日起施行的《中华人民共和国公司法》（以下简称《公司

法》）中，关于有限责任公司股东出资的规定如下。

1）有限责任公司的注册资本为在公司登记机关登记的全体股东认缴的出资额。

法律、行政法规及国务院决定对有限责任公司注册资本实缴、注册资本最低限额另有规定的，从其规定。

2）股东可以用货币出资，也可以用实物、知识产权、土地使用权等可以用货币估价并可以依法转让的非货币财产作价出资；但是，法律、行政法规规定不得作为出资的财产除外。

对作为出资的非货币财产应当评估作价，核实财产，不得高估或者低估作价。法律、行政法规对评估作价有规定的，从其规定。

3）股东应当按期足额缴纳公司章程中规定的各自所认缴的出资额。股东以货币财产出资的，应当将货币出资足额存入有限责任公司在银行开设的账户；股东以非货币财产出资的，应当依法办理其财产权的转移手续。

股东不按照规定缴纳出资的，除应当向公司足额缴纳外，还应当向已按期足额缴纳出资的股东承担违约责任。

《公司法》规定，注册资本登记制度由实缴登记制变为认缴登记制。市场监督管理机关只登记股东（发起人）认缴的注册资本总额，实收资本不再作为登记事项，公司登记也无须提交验资报告。除法律、行政法规及国务院决定有规定的外，取消了对公司最低注册资本限额的要求。股东（发起人）可以自主约定出资比例、出资方式和出资期限。

在确定公司注册资本时，需要注意以下问题。

① 注册资本认缴不等于不缴。如果未按约定实际缴付出资，公司和已按时缴足出资的股东可以追究其违约责任。如果公司发生债务纠纷导致破产清算，股东即使未缴足出资，也必须根据其认缴的出资数额承担责任。

② 认缴数额越大，承担的责任越大。公司认缴的出资金额及出资期限将通过“企业信用信息网”向社会披露，如果超出股东经济实力盲目认缴巨额资本，超过合理期限随意约定过长的出资时间，不仅会加大股东责任，而且会影响公司的公信度和竞争力。

③ 门槛降低不代表不需要注册资本。设立公司时，注册资本是公司投资创业的启动资金，在公司运营过程中转换为公司责任、财产的构成部分。投资者应根据公司从事的生产经营活动，合理选择相符的注册资本规模，以取得交易对象的信任。

（6）确定公司的组织机构

《公司法》第二章第二节（第三十六条至第五十六条）对公司的组织机构进行了专门阐述，详情可查阅相应的法律条文。现简要摘录介绍如下。

1）公司组织结构主要由股东会、董事会和监事会组成。

2）有限责任公司股东会由全体股东组成。股东会是公司的权力机构，依照《公司法》行使职权。

3）有限责任公司设立董事会的，股东会会议由董事会召集。有限责任公司不设董事会的，股东会会议由执行董事召集和主持。

董事会设董事长一人，可以设副董事长。董事长、副董事长的产生办法由公司章程规定。股东人数较少或者规模较小的有限责任公司，可以设一名执行董事，不设董事会。执行董事可以兼任公司经理。有限责任公司可以设经理，由董事会决定聘任或者解聘。经理对董事会负责。

4）有限责任公司设监事会，其成员不得少于三人。股东人数较少或者规模较小的有限责任公司，可以设一至二名监事，不设监事会。董事、高级管理人员不得兼任监事。

《公司法》第一百四十六条规定，有下列情形之一的，不得担任公司的董事、监事、高级管理人员：

1）无民事行为能力或者限制民事行为能力。

2）因贪污、贿赂、侵占财产、挪用财产或者破坏社会主义市场经济秩序，被判处刑罚，执行期满未逾五年，或者因犯罪被剥夺政治权利，执行期满未逾五年。

3）担任破产清算的公司、企业的董事或者厂长、经理，对该公司、企业的破产负有个人责任的，自该公司、企业破产清算完结之日起未逾三年。

4）担任因违法被吊销营业执照、责令关闭的公司、企业的法定代表人，并负有个人责任的，自该公司、企业被吊销营业执照之日起未逾三年。

5）个人所负数额较大的债务到期未清偿。

需要注意的是，法定代表人是指依据章程确定的董事长（执行董事或经理）；高级管理人员是指公司的经理、副经理、财务负责人；控股股东是指出资额占有限责任公司资本总额百分之五十以上或者其持有的股份占股份有限公司股本总额百分之五十以上的股东，或者出资额或持有股份的比例虽然不足百分之五十，但依其出资额或者持有的股份所享有的表决权已足以对股东会、股东大会的决议产生重大影响的股东。

（7）制定公司章程

公司章程是股东共同一致的意思表示，载明了公司组织和活动的基本准则，是公司的宪章。公司章程与《公司法》一样，共同肩负调整公司活动的责任，对公司、股东、董事、监事、经理具有法律约束力。作为公司组织与行为的基本准则，公司章程对公司的成立及运营具有十分重要的意义，它既是公司成立的基础，也是公司赖以生存的灵魂。

公司章程是注册公司最主要的文件之一，它由股东共同制定，经全体股东一致同意，由股东在公司章程上签名盖章。各市场监督管理局网站上都可以找到公司章程的范本，创业者可参考制定自己的公司章程。

2. 有限责任公司登记流程

有限责任公司的办理流程为先登录官方网站下载办理指南和申请表格，根据办理指南准备相应文件，向登记机关提交准备的文件和申请表格，登记机关开始受理。受理成功的，将颁发营业执照；受理不成功的，按照告知建议修改材料，准备再次办理。市场监督管理机关办理流程及申请材料分别见表 6-11 和表 6-12。

表 6-11 市场监督管理机关办理流程

办理环节	办理步骤	办理时限	审查标准	办理结果
申请受理	受理	1 个工作日	文件证件齐备，符合法定形式	能当场受理或者通过当场补正达到受理条件的，直接进入受理步骤，当场出具受理通知书。根据一次性告知通知书内容进行补正后达到受理条件的，出具受理通知书
审查与决定	决定	1 个工作日	文件证件齐备，符合法定形式	申请材料齐全，符合法定形式、条件、标准，通过审查，做出准予行政许可决定；申请材料不齐全，不符合法定形式、条件和标准，未通过审查，做出不予行政许可决定
颁发与送达			结果名称	
			营业执照，营业执照副本	

表 6-12 申请材料

材料名称	材料来源	数量要求		介质要求	表格及样表下载	其他要求
		原件	复印件			
内资公司设立登记申请书	申请人自备	1 份	无	表格类：纸质、电子	官方网站下载	由拟任法定代表人签署
公司章程	申请人自备	1 份	无	文本类：纸质、电子	无	全体股东共同签署，其中自然人股东亲笔签字，法人股东法定代表人签字并加盖公章（可容缺后补）
股东资格证件	申请人自备	无	1 份	结果文书类：纸质、电子	无	自然人股东提交身份证复印件，企业法人股东提交加盖公章的营业执照复印件
法定代表人、董事、监事和经理的任职文件	申请人自备	无	无	其他：纸质、电子	无	1 份（其他类材料） 在申请书中的“法定代表人、董事、经理、监事信息表”页签署确认任职信息的可不提交此文件

续表

材料名称	材料来源	数量要求		介质要求	表格及样表下载	其他要求
		原件	复印件			
住所使用证明	申请人自备	无	1 份	文本类：纸质、电子	无	一般应为产权人签字或盖章的房产证复印件。产权人为自然人的应亲笔签字，产权人为单位的应加盖公章（可容缺后补）
许可项目审批文件	申请人自备	无	1 份	结果文书类：纸质、电子	无	法律、行政法规和国务院决定规定设立公司必须报经批准的或公司申请登记的经营范围中有法律、行政法规和国务院决定规定必须在登记前报经批准的项目，提交有关批准文件或者许可证件的复印件
补充信息登记表	申请人自备	1 份	无	表格类：纸质、电子	官方网站下载	

实训

实训一　创业计划书概要的拟订

对于投资人或评委来讲，他们希望在创业计划书概要中看到关于项目商业模式的明确论述，以及对人员、技术和市场的总体情况，而一个好的创业计划书概要能让投资人或评委了解这个项目的吸引力所在。项目概要的核心逻辑是该项目比较有创新性和商业价值，团队比较靠谱，把钱投到这个项目上肯定赚钱。

5～8 人一组，各小组根据前期自己创业项目的论证情况，拟订一份项目概要。鼓励用“图片+关键词”的方式呈现。

1）目标市场与用户分析。

____

2）产品服务与技术研发。

____

3）盈利模式。

____

4）竞品与壁垒。

____

5）营销策略与销售实现。

____

6）团队状况及优势。

____

7）财务分析与融资需求。

____

8）项目进展与发展规划。

____

【解读】

本活动是针对创业计划书的演练，学生通过对以上 8 个问题的回答，可以熟悉创业计划书的内容。

（资料来源：姚凯，2015. 大学生创业导论[M]. 北京：清华大学出版社.）

实训二　构建创业“轮廓图”

通过回答下面的问题，可以逐渐明晰自己的创业目标和创立企业的思路，构建适合自己的创业“轮廓图”。

1）拟创立企业的名称及时间：

____

2）选择适合的企业形式：□个体　□有限责任公司　□股份有限公司

3）目标顾客/用户主要是：□个人　□团体　□公共机关

□其他（简述）______________________________

4）拟提供的产品和服务包括：

____

5）列出 5 个最主要的竞争对手：

____

6）可能面临的风险来自：□同行竞争　□技术　□团队　□资金

□其他（简述）______________________________

7）描述你的竞争地位：□弱　□较弱　□平均水平　□较强　□强

8）你所提供的产品（服务）的市场需求在：□递增　□递减

9）你所提供的产品（服务）的核心优势有：

____

10）计划的目标市场是：

____

11）拟创企业的价值定位是：

____

12）拟创企业最大的困难或障碍是：

____

【解读】

通过本次活动，学生能对创业思路进行梳理，对创业项目有大致的了解。

（资料来源：刘玉红，2017. 大学生创新与创业基础[M]. 北京：现代教育出版社.）

思考与检测

一、单项选择题

1．新企业在选择具体地址时，不需要考虑的因素是（　　）。

A．交通　　B．消费群体　　C．商业环境　　D．国际形势

2．创业者要做好融资前的准备，下列说法不正确的是（　　）。

A．创业者要在平时注重自己的道德修养，培养良好的信用意识

B．创业者的关系网形成了新企业的社会资本

C．创业融资不只是一个技术问题，还是一个社会问题

D．只要有好的创意，就不会融不到资金

3．关于创业计划书，下列说法正确的是（　　）。

A．创业者面对转瞬即逝的机会，应该赶紧投入创业活动中，而不是坐在桌子边勾画创业计划

B．好的口头谈判能力比一份书面计划书更重要

C．创业计划书应基于详细和真实的调查而完成

D．创业计划书有严格的格式，创业者不应该用独特的风格和方式讲述自己的故事

4．识别创业机会的最好办法是（　　）。

A．向专家请教　　B．闭门分析思考

C．看卖得最好的　　D．倾听人们的不满

5．在创业的初创阶段，创业者最需要解决的是（　　）问题。

A．资金　　B．项目　　C．生存　　D．技术

二、填空题

1．创业的根本途径是________。

2．对创业项目进行评估时，须从________、________、________、________、________、________几个方面对评估内容进行分析、判断和识别。

3．商业模式的构成要素是________、________、________、________。

4．创业团队的组成要素是________、________、________、________、________。

5．创业路演须做好________、________、________、________、________、________、________的准备。

三、思考题

1．组建创业团队应该注意什么？

2．创业计划书的写作要点有哪些？

课外实践

体验创业

到创业企业谋求一份实习或兼职工作，深入体验创业企业的各种管理实际。实习或兼职结束后，写一篇不少于 3000 字的体验报告。

本章要点

商业模式是一个非常宽泛的概念，与商业模式有关的说法很多，包括运营模式、盈利模式、B2B 模式、B2C 模式、“鼠标加水泥”模式、广告收益模式等，不一而足。商业模式是一种简化的商业逻辑。

创业团队成员的才能互补是组建创业团队的必要条件。当组建起来的创业团队成员的知识、才能可以互补时，这个团队就可以发挥出“1+1>2”的作用。如果创业团队成员的知识、能力不能互补，就失去了组建团队的意义，即使组建了团队，也不能起到很好的作用，甚至限制了某些有能力的人发挥作用。

对创业者来说，利用外部资源是非常重要的方法和能力，在企业的创立和早期阶段尤其如此。其中，关键是创业者要具有资源的使用权并能控制或影响资源部署。

企业财务管理中有三个基本的财务报表，分别为现金流量表、利润表和资产负债表。初创企业在进行营销管理时要了解营销内容，找准目标市场，选择合适的营销策略。

创业计划书通常包括封面、保密要求、目录、摘要、正文、附录几部分。路演是创业者向投资者（或特定对象，如创业计划大赛评委）介绍展示创业项目，以获得认可与资源的沟通活动。

创立企业要了解创立企业的前期准备和企业注册的相关事项。

参考文献

彼得·德鲁克，2007. 创新与企业家精神[M]. 蔡文燕，译. 北京：机械工业出版社.

陈国梁，王延峰，2018. 大学生创新创业理论与实践导论[M]. 北京：科学出版社.

杰弗里·蒂蒙斯，小斯蒂芬·斯皮内利，2005. 创业学[M]. 周伟民，吕长春，译. 北京：人民邮电出版社.

雷朝滋，2017. 2016 年度全国创新创业 50 所典型经验高校经验汇编[G]. 北京：北京航空航天大学出版社.

李家华，2011. 创业有道：大学生创业指导[M]. 北京：高等教育出版社.

李家华，2013. 创业基础[M]. 北京：北京师范大学出版社.

李秋斌，2013. 大学生创业指导[M]. 北京：北京大学出版社.

李时椿，常建坤，2013. 创业基础[M]. 北京：清华大学出版社.

石丹林，谌虹，2012. 大学生创业理论与实务[M]. 北京：清华大学出版社.

孙洪义，2016. 创新创业基础[M]. 北京：机械工业出版社.

汤锐华，2016. 大学生创新创业基础[M]. 北京：高等教育出版社.

汪怿，2015. 创新创业人才开发研究[M]. 上海：上海社会科学院出版社.

王年军，2012. 大学生创业团队的理论与实证研究[D]. 武汉：武汉理工大学.

王晓文，张玉利，李凯，2009. 创业资源整合的战略选择和实现手段：基于租金创造机制视角[J]. 经济管理（1）：61-66.

徐俊祥，2014. 大学生创业基础知能训练教程[M]. 北京：现代教育出版社.

阎力，2013. 创造心理学[M]. 上海：华东师范大学出版社.

张福建，2013. 大学生创业基础教程[M]. 北京：现代教育出版社.

张金山，2017. 大学生创新创业案例：走近“挑战杯”[M]. 北京：社会科学文献出版社.

张晓波，李钰，杨奇明，2016. 中国区域创新创业报告 2016[M]. 北京：北京大学出版社.

张延东，2012. 大学生就业指导与创业教育[M]. 北京：现代教育出版社.

张耀辉，朱锋，2013. 创业基础[M]. 广州：暨南大学出版社.

张志宏，崔爱惠，刘铁群，2017. 大学生创新与创业训练教程[M]. 北京：现代教育出版社.

张宗恩，朱克勇，2010. 大学生创业训练教程[M]. 北京：现代教育出版社.

赵伊川，马鹤丹，赵宇哲，2013. 创业基础[M]. 大连：东北财经大学出版社.